Fränkische
Weiberwirtschaften

Fränkische Weiberwirtschaften

Wirtinnen und
ihre Lieblingsrezepte

Text Heidrun Gehrke
Fotos Angela Francisca Endress
Idee, Konzeption und Realisation
Ria Lottermoser

1 Gasthof Gentner in Gnotzheim-Spielberg
2 Café Frau Förster in Dinkelsbühl
3 Gasthof Alte Schreinerei in Steinsfeld
4 Die Schmidd'n in Marktbergel
5 Hotel Schwarzer Adler in Erlangen-Frauenaurach
6 Gasthof Michelsberg in Hersbruck
7 Restaurant Würzhaus in Nürnberg
8 Eismanufaktur Dolomiddi in Nürnberg, Lauf und Fürth
9 Gasthaus Weinländer in Cadolzburg
10 Restaurant Kleine Eule in Rügland
11 Gasthof Zum Schnapsbrenner in Spalt
12 Weinstube Altes Rathaus in Unterhaid
13 Gasthof Reinwand in Seßlach
14 Gasthof Goldener Hirsch in Vierzehnheiligen
15 Restaurant Harmonie in Lichtenberg

16 Gaststätte Auenseehaus in Joditz
17 Hotel und Restaurant Schloss Gattendorf in Gattendorf
18 Gasthof Bischofsmühle in Helmbrechts
19 Ewige Baustelle in Wunsiedel
20 Seehaus in Tröstau
21 Gaststätte Kleines Rathaus in Bad Berneck
22 Gasthaus Drei Linden in Tröbersdorf
23 Forsthaus Schweigelberg in Behringersmühle
24 Gasthof Lindenbräu in Gräfenberg
25 Gasthaus Forsthaus Echterspfahl in Weibersbrunn
26 Gasthaus Zum Hasen in Sommerkahl
27 Gaststätte Rhönhäuschen in Bischofsheim
28 Restaurant Der Weingarten in Ebern-Jesserndorf
29 Gasthof zum Auerhahn in Werneck-Zeuzleben

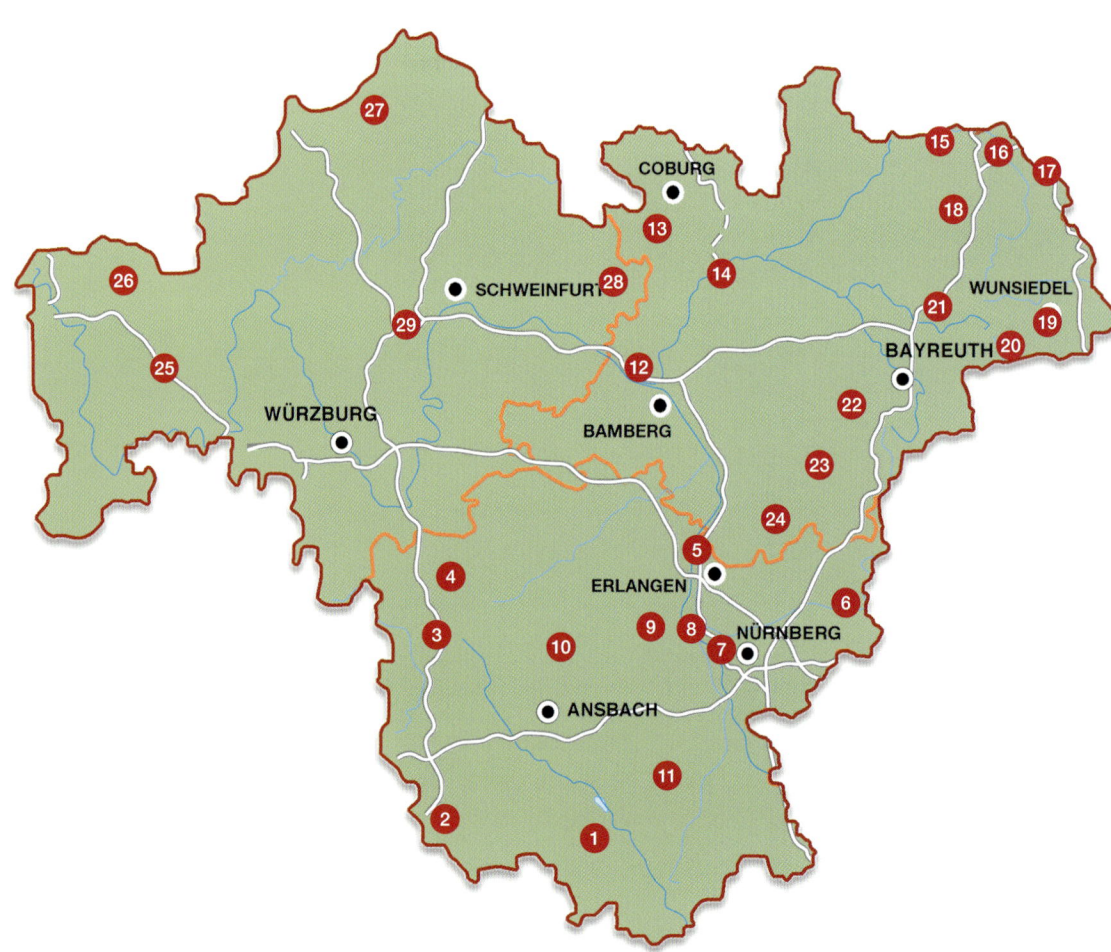

Kulinarische Navigationshilfe für Franken

Was?? Du fährst ohne Navi im Auto durch Franken?! Die Frage hörte ich von mehreren Personen. Begleitet von einigem Kopfschütteln entnahmen sie meinen späteren Erzählungen, dass es sich gelohnt hatte, ohne Navi, ganz »old school«-mäßig, im Fichtelgebirge, an der bayerischen Rhön, im bayerischen Vogtland, in den Haßbergen, in der Gegend »Südliche Frankenalb«, im fränkischen Seenland, im Spessart, in Wein- und Bierfranken, kurzum überall in Unter-, Mittel- und Oberfranken unterwegs zu sein.

Mit abgeschalteter Technik, dafür mit eingeschalteten Sinnen sah und erlebte ich viel, es kam zu schönen Begegnungen, und ich machte unvergessene Entdeckungen, die mir mit Navigationsgerät ziemlich sicher entgangen wären. Ein Navi hätte mich zwar in der Regel verlässlich und mitunter ein wenig schneller an den Zielort geführt, allerdings hätte ich ebenso verlässlich die vielen Besonderheiten am Wegesrand übersehen.

An dieser Stelle möchte ich mich bei allen Personen bedanken, die bei der Entstehung dieses Buches geholfen und mitgewirkt haben. Zuallererst bei den tollen, sympathischen und liebenswerten Wirtinnen. Ihnen gilt mein herzlicher Dank, den ich mit viel persönlicher Bewunderung verbinden möchte. Bewunderung für die Hingabe, mit der sie die fränkische Gastronomielandschaft bereichern.

Ein besonderes Dankeschön geht an Caroline Pruy-Popp von der Regionalstelle Bayreuth, Beratungsstelle für Volksmusik in Franken vom Bayerischen Landesverein für Heimatpflege e. V., die mir bei den Recherchearbeiten wertvolle Tipps gab und die als Wirtshaussängerin in Oberfranken diese alte Kultur wiederbelebt. »Ohne Frauen wäre die fränkische Wirtshauskultur überhaupt nicht denkbar«, war ihre spontane Reaktion bei unserem ersten Telefonat.

Vielen lieben Dank auch an Markus, Renate, Hanna, Peter und Alex für jedwede Unterstützung und Inspiration.

Mit diesem Buch liegt schon in zweiter Auflage eine »kulinarische Navigationshilfe« durch Franken vor. Ich wünsche allen Lesern viel Vergnügen bei der Reise, bei der sonstige Navigationshilfen getrost auch einmal ausgeschaltet bleiben dürfen.

Heidrun Gehrke

1

Genießen und genießen lassen

Walburga Gentner und Maria Braun-Gentner
im Gasthof Gentner in Gnotzheim-Spielberg

Adresse
Spielberg 1
91828 Gnotzheim
Telefon: +49 9833 988930
E-Mail: info@gasthof-gentner.de
www.gasthof-gentner.de

Öffnungszeiten
Mittwoch bis Sonntag und an
Feiertagen 11.30–14.30 Uhr
und 17.30–24 Uhr
Reservierungen nimmt Familie
Gentner gerne 11.30–13.30 Uhr
und 17.30–20.30 Uhr entgegen
Montag und Dienstag Ruhetag

Aus dem ehemaligen Bauhof des Schlosses Spielberg
machten zwei Schwestern einen Hort für Kunst, Kultur und
Kulinarik. »Wir sind keine Sternemenschen«, sagt Walburga.
»Wir lieben die feine, frische Küche im Einklang mit der
Natur«, meint Maria.

Walburga ist das Organisationstalent im Team, ihre Schwester
Maria kommt aus der Landschaftspflege und sieht, wenn vor dem
Haus das Gras zu hoch gewachsen ist. Beiden ist es ein Anliegen,
das Leben auf dem Land zu erhalten – fern von Landhausidylle und
Ökoromantik. »Auf die Wertigkeit des Landlebens kommt es an«,
sagen die Gentner-Schwestern, die hier aufgewachsen sind, in der
Gaststätte und dem ehemaligen Brauereibetrieb der Eltern, umgeben von Pferden, Tieren und einem ländlichen Alltag. »Wir haben
früh mitbekommen, dass man seinen Mann stehen muss«, sagt
Maria Braun-Gentner. Walburga ergänzt: »Gastronomie wollte ich
mein Lebtag nicht machen.« Beide lachen, denn ihr Leben steckte
voller Überraschungen. Heute richten sie große Feiern im Sudhaus
oder Festlichkeiten in der »gelben« und »blauen« Stube aus und
lieben die Gastgeberinnenrolle. »Ich schließe meine Augen und
habe das Gefühl, angekommen zu sein«, schwärmt Walburga.

    Weit geht der Blick von hier über das fränkische Seenland mit
seinen mittelalterlichen Dörfern. Auf dem »Herrenhügel«, dem
Schloss Spielberg, gingen einst Fürsten spazieren. Die Gebäude
der Gentners waren der Gutshof des Schlosses. Besucher, die heute in einem der traumhaft restaurierten und mit Antikmöbeln aus-
gestatteten Gästezimmer übernachten, halten ihre Smartphones
vergeblich in die Höhe – und schalten sie in der Regel schnell aus.
Handynetz und Glasfaserverbindung sind langsam. »Viele Gäste

Der blaue Salon ist herrlich blau
glänzend wie Lapislazuli. Hier wird
das Frühstück serviert (oben).
Zwei, die die feine Küche lieben:
Walburga Gentner links und
Maria Braun-Gentner daneben
(linke Seite).

An den restaurierten Tischen in der holzvertäfelten Gaststube wurde schon im 19. Jahrhundert gespeist.

kommen, weil es hier ruhig ist«, sagen die Schwestern, die den Ort beleben und bewirtschaften, ohne der Ruhe auch nur etwas von ihrem Zauber zu nehmen. Um Kunst und Kultur auf dem Land zu erleben, organisieren sie Ausstellungen und Konzerte meist regionaler Künstler im vorbildlich restaurierten ehemaligen Sudhaus. Auch bekannte Veranstaltungsreihen wie der »Fränkische Sommer« schätzen für ihre Konzerte die einmalige Atmosphäre im Sudhaus. Ein »offenes Haus für Kunst und Kultur« ist entstanden: vornehm, ohne abgehoben zu sein.

Im Gasthof laden sie ein zu einem »Leben und leben lassen« – was sicher auch an der schönen Gaststube liegt. Die Speisekarte ist überschaubar und kommt ohne Schnickschnack auf den Punkt: Hier lebt die feine, frische Küche, die Koch Oliver Marschall gekonnt pur zubereitet. Er hat in Baiersbronn bei Bareiss gelernt und ist ein alter Schulfreund der Gentner-Schwestern aus Gunzenhausen. Zusammen bieten sie ein gutes, regionales und bodenständiges Programm – das macht sie so unnachahmlich.

Die Geschichte der Familie Gentner lässt sich bis ins Jahr 1858 zurückverfolgen. Bis 1975 wurde noch Bier gebraut. Die Ausflugsgaststätte war ein beliebtes Ziel für Sommerfrischler. »Hier trafen sich Honoratioren, die am Wochenende musiziert und sich ausgetauscht haben«, erzählt Maria Braun-Gentner.

Bevor die Schwestern gastronomisch tätig wurden, lernte Walburga Hotelfachfrau und studierte BWL, mit der Brauerei hat sie zunächst »nur geliebäugelt«, wie sie rückblickend sagt. Maria studierte in Weihenstephan-Triesdorf Landwirtschaft und war danach beim Landschaftspflegeverband in der Biotopvernetzung tätig. Sie hat sich zur Kräuterpädagogin weitergebildet und kann sich hier »austoben und ausleben«, wie sie sich ausdrückt – zum Beispiel mit der selbst gegründeten »Obstarche«, einem blühenden und wachsenden Museum zur Erhaltung alter, regionaler Streuobstsorten. Die Naturvermittlung geht auch in die Küche über, in der sie Hahnenkammsaibling mit Silvanersauce anregt oder ein Kräutersalz beisteuert, das sie aus gerösteten Brennnesseln herstellt.

Beide Schwestern spielen Klavier, die musische Ader hat ihnen die Mutter vererbt. Vom Vater übernahmen sie die Leidenschaft für wertvolles Altes. In den Gästezimmern finden sich viele Stücke, die für die Zukunft aufbewahrt werden: schmiedeeiserne Schlösser an den Gästezimmertüren, Aussteuer, Vitrinen und Betten, die nur einen Schluss zulassen: genießen und genießen lassen.

Ausflugstipps

Es gibt zahlreiche Möglichkeiten für Wanderungen und Radtouren. Das Lieblingswanderziel von Walburga und Maria ist der eine Stunde vom Haus entfernte Gelbe Berg. Auf dem Trockenrasen des Berges wachsen seltene Pflanzen und Blumen, und je nach Jahreszeit gibt es immer wieder Neues zu entdecken.

Das ganze Jahr über sind Weißenburg, Dinkelsbühl oder Nördlingen (in maximal 30 Kilometern Entfernung) für Kultur- und Städtetouristen interessante Ziele.

Rote-Bete-Birnen-Suppe

Jedes Zimmer ist anders eingerichtet und hat einen einzigartigen Charakter. Die historische Bausubstanz floss in die Benennung und Einrichtung der Zimmer ein.

Für 4 Portionen

60 g Zwiebeln | 30 g Butter | 120 g Rote Bete, gekocht (Vakuum) | Zucker | Salz | schwarzer Pfeffer aus der Mühle | Piment | Zimtpulver | 120 ml Gemüsebrühe | 100 g Birnen
Außerdem: Sauerrahm | in heißem Öl frittiertes Kartoffelstroh

■ Die Zwiebeln schälen und fein hacken. Die Butter in einem Topf zerlassen und die Zwiebeln glasig anschwitzen.
■ Die Roten Beten in Würfel schneiden. Zu den Zwiebeln geben und kurz mitschmoren. Mit Zucker, Salz, Pfeffer, Piment und Zimt würzen. Die Gemüsebrühe angießen und das Ganze aufkochen lassen.
■ Die Birne schälen, halbieren, das Kerngehäuse entfernen und das Fruchtfleisch in feine Scheiben schneiden. Diese in die Suppe geben und köcheln lassen, bis sie weich sind.
■ Anschließend die Suppe mit dem Stabmixer pürieren und nochmals abschmecken. Vor dem Anrichten die Suppe schaumig aufmixen und in tiefen Tellern servieren. Mit Sauerrahm und in heißem Öl frittiertem Kartoffelstroh garnieren.

Saiblingsfilet mit Silvanersauce

Für 4 Portionen
Für die Saiblingsfilets: 4 Saiblingsfilets | Salz | schwarzer Pfeffer aus der Mühle | Zitronensaft | Butter
Für die Sauce: 100 g Butter | Gräten von 4 Saiblingen, zerkleinert | ½ Knollensellerie, geschält und in Stücke geschnitten | 1 Stange Lauch, geputzt, gewaschen und in Scheiben geschnitten | 3 Zwiebeln | 500 ml Silvaner | 1 Lorbeerblatt | 1 TL schwarze Pfefferkörner | ½ TL Korianderkörner | ¼ TL Wacholderbeeren | einige Petersilienstängel | einige Champignons, halbiert | Cayennepfeffer | Zitronensaft | 1 Tomate, geviertelt | 150 ml Sahne | Cayennepfeffer | Meersalz | kalte Butter nach Belieben

■ Den Backofen auf 80 °C vorheizen. Die Saiblingsfilets halbieren und mit Salz, Pfeffer und Zitronensaft würzen. Eine flache Form mit etwas Butter ausstreichen. Die Filets nebeneinander in die Form legen und mit etwas Butter bestreichen.
■ Die Form mit Klarsichtfolie fest verschließen. Im warmen Ofen 10–12 Minuten garen.
■ Für die Sauce die Butter in einem Topf zerlassen. Die Gräten mit Sellerie, Lauch und Zwiebelringen einlegen und farblos anschwitzen. Mit 250 ml Silvaner ablöschen. Lorbeerblatt, Pfefferkörner, Koriander, Wacholderbeeren, Petersilienstängel, Champignons, Tomatenviertel und 500 ml Wasser hinzufügen, aufkochen lassen und 20 Minuten ziehen lassen. Das Ganze durch ein Tuch passieren.
■ Restlichen Silvaner in einen Topf geben und auf die Hälfte reduzieren. Fond hinzufügen und weitere 15 Minuten reduzieren.

■ Zum Schluss die Sahne angießen und aufkochen lasssen. Mit Cayennepfeffer, Meersalz und Zitronensaft würzen. Nach Belieber mit einem Stück kalter Butter binden.

■ Die Saiblingfilets in der Tellermitte anrichten und die Sauce um die Filets verteilen. Nach Belieben mit frischen Kräutern, Fenchelkraut, essbaren Blüten oder Chilifäden (siehe Foto) garnieren.

Ganz besonders schmackhaft sind die alten Apfelsorten von den Streuobstbäumen in den Hausgärten des Gasthofs. Walburga Gentner verwendet Äpfel von der Obstarche, einer Streuobstwiese, auf der die vom Aussterben bedrohten alten Obstsorten wieder angepflanzt wurden. www.obstarche.de

Spielberger Apfeltarte

Für 4 Portionen
900 g Äpfel (Boskoop, wenn eine von den alten Apfelsorten nicht verfügbar ist) | 2 Eier | 200 g Zucker | 100 g Butter, zerlassen | 100 ml Milch | 100 g Mehl | 2 TL Backpulver | 2 Vanillestangen
Außerdem: Butter für die Form

■ Den Backofen auf 180 °C vorheizen.

■ Die Äpfel schälen, in Achtel schneiden, dabei das Kerngehäuse entfernen. Das Fruchtfleisch in kleine Stücke schneiden.

■ Die Eier schaumig schlagen. Zucker und Butter verrühren, die Milch dazugeben. Zum Schluss das gesiebte Mehl mit dem Backpulver unterheben.

■ Das Mark aus den Vanillestangen herauskratzen und zum Teig hinzufügen. Das Ganze mit den Äpfeln vermengen und den Teig in eine mit Butter ausgestrichene Auflaufform geben. Die Masse sollte maximal 4 cm hoch sein.

■ Im heißen Ofen auf der mittleren Schiene 1 Stunde backen.

■ Die Tarte in Stücke schneiden und mit einem Lorbeerblatt garnieren.

Besonders gut schmeckt die Apfeltarte noch warm direkt aus dem Ofen mit geeistem Vanillerahm. Dazu zwei Kugeln Vanilleeis und etwa 200 ml Vanillesauce mit dem Pürierstab schaumig aufschlagen.

2

Das Ungewöhnliche denken und backen

Anita Förster im Café Frau Förster in Dinkelsbühl

Adresse

Turmgasse 13
91550 Dinkelsbühl
Telefon: +49 9851 5893025
E-Mail: frau.foerster@t-online.de
www.fraufoerster.de

Öffnungszeiten

Montag bis Freitag 9–18 Uhr
Samstag 9–14 Uhr

In ihren Kuchen erobern Wildbeeren den Geschmackssinn, die Kräuteraromen vom Tee tanzen auf der Zunge, die Siebträger-Kaffeemaschine zischt: Angekommen im Reich von Frau Förster.

Welche Früchtchen wohl diese Woche unter der weithin bekannten Baisermasse schlummern mögen? »Das entscheide ich ganz spontan, in Absprache mit der Natur und dem, was grad wächst«, sagt Anita Förster. Fehlt ihr »Dinkelsbühler Lieblingskuchen«, ist im Städtchen was los. »Wie, gibt's heute keinen Rhabarberbaiser?« reagieren Stammkunden irritiert. Doch es passiert nicht oft, dass ihr Wunderbackwerk aus Mürbteig, Quark, Baiser-Masse und wechselnden Früchten nicht pünktlich bei Café-Öffnung in ihrer Kuchentheke steht. »Manchmal verweigere ich mich ganz bewusst, um sie auch auf neue Kuchen und Geschmäcker zu lupfen«, tut sie augenzwinkernd kund. Wer sich zu früh festlegt, dem entgehen die Weiße-Schokolade-Himbeertarte und der Schoko-Zwetschgen-Kuchen. Oder der Apfel-Marmorkuchen, die Dinkeltaler mit Berberitzen-Beerchen … die Auswahl ist immer besonders und verführerisch.

Die gebürtige Dinkelsbühlerin sprüht vor Ideen und spricht mit Begeisterung über ihre Kuchen und das Backen mit heimischen Wildbeeren. 37 Jahre ist es her, dass sie von ihrem Beruf der Erzieherin auf Gastronomin umsattelte. Und zwar von jetzt auf nachher: Die Bäckerei Schlicker in ihrer Heimatstadt schloss die Pforten. Die leerstehenden Räume schienen ideal zu sein für den Traum vom eigenen Café. Am 10. Oktober 1980 eröffnete sie mit zwei Mitstreiterinnen die »Grüne Wolke«, die damals in der Touristenstadt einzige Teestube, die zudem ätherische Öle, biologisch abbaubare Waschmittel und Recyclingpapier verkaufte. »Die Begeisterung kam mit dem Einarbeiten und bei der intensiven Beschäftigung

Mitten in der pittoresken Altstadt lädt Frau Förster tagsüber zum Verweilen bei Tee und Gebäck ein.

Der Backofen der ehemaligen Backstube ziert heute den Innenraum des gemütlichen Cafés.

mit den Produkten: fairer Tee, Bio-Weine aus Okzitanien, ›Sandino Dröhnung‹-Kaffee aus Nicaragua. Wir hatten Dinge, die es sonst in unserer Kleinstadt nicht gab«, erzählt sie. Heute kennt jedes Kind Holler und Hagebutten, Schlehe und Kornelkirsche, damals guckten die Leute fragend, erinnert sie sich an die Zeit, als das einstige »Grüne-Wolke«-Trio ihre Kunden mit Chutneys und Marmeladen überraschte. Die ehemalige Teestube lebt bis heute weiter: Frau Förster hat 160 offene Sorten im Ausschank und zum Verkauf. Auch die Kaffeekultur belebt sie auf köstliche Weise: Bei ihr gibt's auf Wunsch den »French Press« zum Selberdrücken am Tisch serviert. Von der ehemaligen Backstube übriggeblieben ist der alte zweistöckige Holzbackofen – das Herzstück des Cafés. Dort schenkt sie ihren Gästen Aufmerksamkeit und ein Lachen und versorgt sie mit köstlichen Kuchen.

Guter Kuchen, was macht ihn aus? »Dass er einen schon optisch anspricht und die einzelnen Dinge herauszuschmecken sind«, beschreibt sie ihre Handschrift beim Backen. Sie selbst geht auch gern in Cafés – »es ist jedes Mal eine Fortbildung für mich«. Der Inhaber muss erkennbar sein, dann fühlt sie sich wohl. Dieses Ziel verfolgt sie selbst. Der Begriff »handgemacht« und »selbst ausgedacht« bedeutet für ihre Backwerke, dass Kreativität geschmacklich erlebbar gemacht wird. Und ihrem Café verordnet sie die Qualität und Frische der »kurzen Wege«: Die Schlehen zum Beispiel für ihre Schlehen-Käsesahnetorte sammelt sie mit Freundinnen im Eimerchen auf dem Hesselberg. »Die brauchen dann erstmal einen ordentlichen Frost, damit sie süß werden«, erklärt die naturkundige Frau. Quitten und die stachelige kleine Heckenfrucht Berberitze mischt und streut sie, wenn nicht in den Kuchen, dann in ihre Smoothies. Wo immer möglich, verarbeitet sie Gartenfrüchte, die in der Region wachsen. »Es ist nicht so, dass ich nie Mango nehme, aber es muss nicht immer exotisch sein«, sagt sie.

Auch ihren Raumschmuck bezieht sie aus dem grünen Bereich auf oder vor der Fensterbank. Sie mag Düfte und Aromen aus der Natur, beschäftigt sich mit Wildfrüchten und Kräutern. Die Dinge

Bei gutem Wetter sitzt man herrlich draußen unter Sonnenschirmen und genießt die Backkünste von Anita Förster. Ein guter Start zur Erkundung der Altstadt beim Rundweg auf und entlang der historischen Stadtmauer.

von früher wieder wertzuschätzen, die hier wachsen, das ist ihre backende Mission. In einem Backrezept, das sie angelacht hat, stand einmal, dass Cashewkerne verwendet werden. »Ich habe in den Garten geschaut und bin auf den Markt gegangen und habe Rohstoffe von hier gefunden«, erzählt sie. Fränkische Walnüsse statt tropischer Nuss – so kam es zu ihrem Kürbis-Walnuss-Kuchen. »Denn dort, wo wir leben, wachsen genügend Dinge, die uns gut tun.« Man muss sie nur kennen und wissen, wo sie zu finden sind. Fragen Sie einfach Frau Förster!

Ausflugstipps

Die Altstadt von Dinkelsbühl mit ihren farbenfrohen und harmonisch aufeinander abgestimmten Häusern und Fensterläden ist ein Ausflugstipp für sich.

Dinkelsbühl, entstanden als Königshof im 8. Jahrhundert, erlangte 1274 den Status einer Freien Reichsstadt. Eine städtebauliche Markierung erhielt die Altstadt durch ihren Befestigungsgürtel: Eine bis heute nahezu komplett erhaltene 2,5 Kilometer lange Mauer mit vier großen Toren und 18 Türmen umringt den historischen Stadtkern, in dem zahlreiche jahrhundertealte Bauwerke wie die Spitalanlage und das Deutschordensschloss zu den Sehenswürdigkeiten zählen, die einen Besuch wert sind.

Fahrradfahrer können die zahlreichen gut ausgebauten Radwege nutzen: Frau Förster empfiehlt eine Tour nach Oberwinstetten zum Grafenmichelhof oder den Wörnitzradweg.

Die Erkundung des Hesselbergs gehört zum »Pflichtprogramm« für Wanderer und Natursuchende. Besonders der Fußweg von Wittelshofen aus ist reich an reizvollen Ausblicken und einer besonderen Fauna und Flora. Tolle Aussichtspunkte auf das historische Stadtbild von Dinkelsbühl bieten ein Spaziergang zum Mutschachwald und der Rundweg entlang der Stadtmauer.

An heißen Tagen ist eine Runde Schwimmen im Wörnitz-Flussbad oder im Aralsee erquickend.

Apfel-Quitten-Torte mit Mascarponehaube

Für 1 Springform mit 28 cm Ø
Für den Mürbeteig: 125 g gekühlte Butter | 250 g Weizenmehl (Type 405) | ½ TL Backpulver | 75 g Zucker | 1 Ei
Für die Füllung: 750 g gute Backäpfel (z. B. Boskoop) | 2 kleine Quitten | 1 Pck Vanillepuddingpulver | 40 g Zucker | 450 ml Apfelsaft | 2 EL Rosenwasser nach Geschmack
Für die Mascarponesahne: 500 ml Sahne | 250 g Mascarpone | 1 TL Himbeer-Zimt-Zucker (z. B. Kleene Lene von Herbaria)

■ Butter in Würfel schneiden und mit Mehl, Backpulver, Zucker und Ei zu einem Mürbeteig verkneten. Eine Stunde kühl stellen.
■ Äpfel schälen, vierteln, entkernen und in 1 cm große Würfel schneiden, ebenso die Quitten.
■ Puddingpulver mit Zucker in etwas Apfelsaft verrühren.
■ Den Backofen auf 175 °C vorheizen. Restlichen Apfelsaft in einem Topf erhitzen und die Quitten dazugeben. Einen Deckel auflegen und etwa 5 Minuten köcheln lassen.
■ Mürbeteig etwas größer als die Form auswellen. In einer gebutterten Springform auslegen, die Ränder sollten ca. 4 cm hoch sein.
■ Apfelwürfel auf den Teig geben. Die Puddingpulvermischung zu den Quitten in den Apfelsaft geben und unter Rühren aufkochen, vom Herd nehmen und nach Geschmack das Rosenwasser unterrühren. Die Mischung auf den Äpfeln glatt streichen.
■ Auf der mittleren Schiene in den Ofen einschieben 50–55 Minuten backen. Danach den Kuchen aus dem Ofen nehmen und vollständig abkühlen lassen. Aus der Springform lösen, auf eine Kuchenplatte setzen und einen Tortenring um den Kuchen legen.
■ 450 ml Sahne steif schlagen. Mascarpone mit der restlichen Sahne glatt rühren und mit einem Schneebesen portionsweise unter die Sahne heben. Auf den Kuchen geben, glatt streichen und 2–3 Stunden im Kühlschrank durchkühlen lassen.
■ Tortenring ablösen und auf der Torte einen Rand mit dem roten Himbeerzucker aufstreuen.

Dinkeltaler mit Berberitze

Ergibt 25 Stück

Für den Mürbeteig: 1 Bio-Zitrone | 200 g Butter | 400 g Dinkelmehl (Type 603) | 100 g Zucker | 3 Eigelbe | 50 g gemahlene Walnüsse

Für die Füllung: 100 g getrocknete Berberitzen | ca. 150 ml Apfel- oder Orangensaft | 100 g Marzipanrohmasse | gemahlene Mandeln oder Walnüsse | ca. 50 g Nussnougatcreme | 250–350 g dunkle Kuvertüre | 25 Walnusskernhälften

■ Berberitze in ein Schüsselchen geben und mit Saft bedeckt einige Stunden – am besten über Nacht – einweichen.

■ Von der halben Zitrone die Schale abreiben, den Saft der ganzen Zitrone auspressen. Aus den genannten Zutaten, Zitronenabrieb und -saft einen Mürbeteig kneten. Eine Stunde kühlstellen.

■ Ein Backblech fetten oder Backpapier darauf auslegen. Den Backofen auf 175 °C vorheizen.

■ Auf bemehlter Arbeitsfläche den Teig 3 mm dick auswellen und 50 Scheiben mit 6 cm Durchmesser ausstechen. Auf das Backblech setzen und auf der mittleren Schiene ca. 15 Minuten helle Plätzchen backen. Aus dem Ofen nehmen und auf dem Blech abkühlen lassen.

■ Marzipan in feine Stücke schneiden und unter die eingeweichten Berberitzen mischen. Mit einer Gabel gut durcharbeiten und soviel gemahlene Nüsse dazugeben, bis eine streichfähige, weiche Paste entsteht. Mit einem Teelöffel die Berberitzen-Masse auf die eine Hälfte der Taler geben. Die anderen Taler mit der Nougatcreme bestreichen. Vorsichtig zusammensetzen und dabei leicht drehen, damit sich die Masse gleichmäßig verteilt.

■ Die Kuvertüre in einer Schale über dem Wasserbad flüssig werden lassen. Die Taler mit der Oberseite voran in die Kuvertüre legen etwas nach unten drücken, damit beide Seitenränder geschlossen werden. Dann mithilfe einer Gabel unter den Taler fahren, mit Zeige-und Mittelfinger dagegenhalten und den Taler herausnehmen, so dass die Gebäckunterseite frei von Kuvertüre bleibt. Etwas abtropfen lassen, auf Backpapier oder Folie legen und obenauf mit einer Walnusshälfte verzieren.

3

In den Beruf »hinein-gerutscht« – und dabei geblieben

Hanna und Kristin Würflein im Gasthof Alte Schreinerei in Steinsfeld

Adresse
Bettwar 52
91628 Steinsfeld
Telefon: +49 9861 1541
E-Mail: alte.schreinerei@t-online.de
www.alte-schreinerei.de

Öffnungszeiten
Freitag bis Dienstag 11.30–14 Uhr
und 17.30–22 Uhr
Warme Küche bis 20.30 Uhr

Wer den Radweg durch das liebliche Taubertal entlangfährt, wird sich im Ort Steinsfeld vermutlich über aufgeregtes Vogelgezwitscher wundern. Die Stimmen kommen aus der Voliere von Kristin und Hanna Würflein, den Wirtinnen der Alten Schreinerei. Neben den seltenen Ziegensittichen und Zebrafinken ist im traditionellen Familienbetrieb alles verlässlich traditionell und vertraut fränkisch-gut.

Sohn Nico sitzt auf Mamas Schoß, als Hanna Würflein von der ehemaligen Schreinerei ihres Großvaters erzählt. »Angefangen haben sie mit Gästezimmern«, sagt sie. Touristen und Geschäftsreisende gab es schon immer entlang der Tauber. Bruder Daniel sitzt mit am Tisch und schenkt Kaffee ein, Mutter Kristin räumt das Frühstücksgeschirr ab. Nico holt sich ein Nutellabrot, setzt sich zurück an den Holztisch und hört mit großen wachen Augen zu. Ein Familienbetrieb, wie er im Bilderbuch steht.

In der Alten Schreinerei hat sich gute Familien- und Handwerkstradition erhalten. Hier ist Platz für die fränkische gute und bodenständige Küche. Handyempfang gibt es noch nicht lange in dem stillen Tal. Im Foyer steht eine Vitrine mit historischen Werkzeugen, Schraubzwingen und Hobeln. Das Schreinerhandwerk des Großvaters ist auch in der Wirtsstube noch präsent. »Die Wände hat er mit Holz verkleidet, das Gaststättenmobiliar sowie Betten und Schränke für die Gästezimmer hat er gefertigt«, erzählt die Enkelin.

Als der Großvater altershalber aufhören musste, haben die Würfleins die alten Werkstatträume umgebaut zur typischen Wirtsstube im fränkischen Stil. Seit 1990 führen Kristin Würflein und Tochter

Der Kachelofen ist auf der einen Seite grün und auf der anderen Seite blau, da die Zimmer so eingerichtet sind. Das alte Stück ist in den Wintermonaten unter der Woche in Betrieb (oben).
In bayerischer Tracht heißen Kristin links und Hanna Würflein daneben die Gäste willkommen (linke Seite).

Im typisch fränkischen Stil wurden die ehemaligen Werkstatträume umgebaut zur Wirtsstube. Viele Möbel wurden noch vom Großvater angefertigt. Er war der Schreiner am Ort.

Hanna den Familienbetrieb. Sie sei in den Beruf »hineingerutscht«, meint sie. Inzwischen möchte sie nichts anderes mehr machen. »Wir sind mit Leib und Seele Gastwirte, als Familienbetrieb zusammengeschweißt«, fährt sie fort.

Täglich arbeiten sie für eine gleichbleibend gute Qualität und sorgen dafür, dass der Gast sich wohlfühlt. Zum Wohlfühlfaktor gehören auch ein weibliches Händchen und ein geschultes Auge für eine geschmackvolle Dekoration: »nichts Spinnert's, sondern dass es hierher passt und hübsch aussieht«, sagt Hanna.

In der Küche hat Bruder Daniel Würflein die Hoheit über Töpfe und Pfannen. Die regionale frische Küche hat Vorfahrt. Daniel hat Koch gelernt und Berufserfahrung in Baiersbronn bei Sackmann und einem Hotel in Zermatt gesammelt. Die Beilagen sind bis heute das Hoheitsgebiet von Oma Erna Würflein, die auch beim Kloßteig auf Handarbeit schwört. Hanna hat im elterlichen Betrieb Hotelfachfrau gelernt. Mutter Kristin ist Organisationschefin, vom Frühdienst bis spätabends. »Ich bin überall, wo Not am Mann ist«, wirft sie lachend ein. Steinpilze sammeln Tochter, Mutter und Großmutter gemeinsam. Bratwürste kommen vom Metzger zwei Ortschaften weiter. Schweinshaxensülze stellen sie nach bewährtem Hausrezept selbst her, ebenso die Kräuterbutter für Steaks. Wenn es Maultaschen gibt – die geografische Nähe zu Württemberg lässt grüßen –, ist der Nudelteig Eigenmarke. Kürbisse und Kräuter werden im Garten geerntet, wo auch die Sittiche, Wachteln und Zwergfinken von Hanna munter in der Voliere umherflattern.

Nicht nur mit dem lieben Federvieh kennt sie sich aus, sie schreckt auch vor Fell nicht zurück. Denn Tiefkühlware ist auch bei den Reh- und anderen Wildspezialitäten tabu. »Die Jäger bringen uns das Fleisch, manchmal noch in der Decke«, erzählt Hanna und plaudert aus dem Nähkästchen: »Meine Mutter kann kein Reh sehen, sie kann es dafür zubereiten.« Perfekte Arbeitsteilung.

Ausflugstipps
Durch die Nähe zum weltberühmten Rothenburg ob der Tauber bietet sich die kleine Gemeinde Steinsfeld optimal als Ausgangspunkt für einen Besuch der historischen Altstadt an.

Auch Schillingsfürst mit reicher Geschichte und dem prächtigen Barockschloss oder die historische Altstadt, das Landestheater und mehrere Museen in Dinkelsbühl sind lohnenswerte Ziele für einen Tagesausflug, den man auch mit dem Fahrrad gut bewältigen kann.

Ragout von der Rehschulter

Für 4 Portionen
1–1,2 kg Rehschulter, küchenfertig | 70 g Butterschmalz | 100 g Zwiebeln | 100 g Karotten | 100 g Lauch | 2 EL Tomatenmark | Gewürzmischung aus schwarzen Pfefferkörnern, Lorbeerblatt, Wacholderbeeren, Rosmarin, Thymian und Nelken | 400 ml Rotwein | 30 g Mehl | 2 l Kalbsfond | Salz | schwarzer Pfeffer aus der Mühle | 100 g Preiselbeermarmelade

■ Das das Fleisch in etwa 3 cm große Würfel schneiden. Das Butterschmalz in einer Schmorpfanne zerlassen und das Fleisch rundum kräftig anbraten.
■ In der Zwischenzeit die Zwiebeln schälen und fein hacken. Die Karotten schälen und in kleine Würfel schneiden. Den Lauch putzen, waschen und in feine Ringe schneiden. Das Gemüse in die Pfanne geben und mit anbraten. Das Tomatenmark einrühren und rösten.
■ Sobald alle Zutaten Farbe genommen haben, mit dem Rotwein ablöschen. Das Fleisch mit dem Mehl bestäuben und mit dem Kalbsfond auffüllen. Die Gewürzmischung hinzufügen. Nun 1½–2 Stunden bei niedriger Hitze weich schmoren.
■ Das Fleisch und das Gemüse mit einem Schaumlöffel herausnehmen. Die Sauce durch ein Sieb passieren.
■ Die Fleischwürfel in die Sauce geben und mit Salz, Pfeffer und der Preiselbeermarmelade abschmecken. Mit Serviettenklößen (Rezept Seite 79) servieren.

4

Kulinarisches in ehemaliger Schmiede

Brigitte Heinlein, Anette Henninger-Höhn, Beate Henninger-Roth, Elke Kolb und Tanja Siemund-Özcan im Kaffee und der Land-Wirtschaft Die Schmidd'n in Marktbergel

Adresse

Ottenhofen 12

91613 Marktbergel

Telefon: +49 9843 9809520

E-Mail: info@schmiddn.de

www.schmiddn.de

Öffnungszeiten

Freitag 17–22 Uhr

(April–September)

und 19–22 Uhr (Oktober–März),

Samstag 14–22 Uhr,

Sonntag 14–20 Uhr

Feiertage 14–20 Uhr

Im Januar geschlossen

In einer Silvester-Sektlaune wurden die Pläne zur Wirtschaft »Die Schmidd'n« geschmiedet: Zwei Schwestern und drei Freundinnen vermissten einen Treffpunkt in ihrem Wohnort. Ein Jahr und viele Arbeitsstunden später eröffneten sie in einer ehemaligen Dorfschmiede ein uriges Wirtshaus. Das Dorf hat nun wieder einen geselligen Platz mit Charme.

Als Beate Henninger-Roth zum ersten Mal durch den Ort ging, gedanklich auf der Suche nach einem geeigneten Standort für ein Dorfwirtshaus, und sie die alte Dorfschmiede erblickte, arbeitete sie als Hauswirtschaftsleiterin. Dass sie zusätzlich zu ihrem regulären Job wenige Monate später an ihren freien Samstagen in Gummistiefeln und mit Helm Baumaterial mit einem Schubkarren wegschaffen würde, konnte sie zu dem Zeitpunkt nicht ahnen. Auch ihre Mitstreiterinnen mussten in die neue Rolle als »Baufrauen« schrittweise während der Sanierung hineinwachsen: Anette Henninger-Höhn ist Heilpraktikerin, Tanja Siemund-Özcan Lerntherapeutin, Elke Kolb ist Hausfrau und Brigitte Heinlein arbeitet als Ergotherapeutin.

»Damals hatte keine von uns mit den Ausmaßen gerechnet, die das Unterfangen annehmen würde«, sagt Beate Henninger-Roth rückblickend. Die fünf handwerklich begabten Frauen kannten sich nur vom Sehen. Keine alten Kindergartenfreundinnen also, die ein gemeinsames »Schultüten«-Foto von der Einschulung vorweisen können. Zusammengeschweißt im wahren Wortsinne hat sie das leerstehende Haus im Dorfkern: Die ehemalige Schmiede kannten natürlich alle. Nicht aber das, was dahinter zum Vorschein kam. »Es war schwarz, eng und vollgestellt mit jahrhunder-

Die bisher nur am Wochenende geöffnete schmucke Land-Wirtschaft ist weit über die Orts-grenzen hinaus beliebt (oben). Fünf Freundinnen, die zusammen-halten (von links nach rechts): Anette Henninger-Höhn, Brigitte Heinlein, Elke Kolb, Beate Henninger-Roth und Tanja Siemund-Özcan (linke Seite).

Altes findet in den behutsam renovierten Räumen praktische Verwendung, z. B. als Lampenschirm oder Tischdekoration.

telang Angesammeltem«, erinnern sie sich. Als erstes musste die Decke entrußt und neu gestrichen werden.

Beim Ausmisten des Dachstuhls kamen alte Kronkorken, Knöpfe und Schnapsfläschchen zum Vorschein. »Sogar ein alter Bulldog [Anmerkung der Red.: kleiner Traktor] stand hier drin«, erzählen die Frauen lachend. Schon früher traf sich hier der Ort. »Man saß mit dem Moust-Gruuch [Mostkrug] vom Nachbarn beim Schmied zusammen«, fanden die Frauen heraus. Ihr Glück: Das Herz des Vorbesitzers – es handelt sich um den Stiefsohn des Schmieds – hing nicht an dem Schmuckstück. Damit war er also »Glückes Schmied« bei der Verwirklichung des neuen Treffpunkts. Die ehemalige Wohnstube des Schmieds ist jetzt »Kartelstum« [Kartenstube]. Im alten Schweinestall ist das Getränkelager untergebracht. Der dörfliche Charakter, der bei der Sanierung die Richtung vorgab, zieht inzwischen »Gott und die Welt« an. »Wichtig war uns, das Ursprüngliche zu belassen, manches ist krumm, alt und buckelig geblieben«, sagen die Frauen. Sie zügelten sich bei übertriebener Verschönerung und machten somit alles richtig.

Die Frauen renovierten, eine Handvoll Dorfbewohner half mit. Dabei machten sie sensationelle Entdeckungen, die dem Gast überall begegnen. Alte Rechnungen und Zeitungen haben als Tapete an der Toilettendecke Eingang in die neue »Schmidd'n« gefunden. Auf den Tischen brennen Kerzenlichter auf einem Bett aus alten Schrauben im Glas. Altes Werkzeug hängt zu einem Kunstwerk zusammengeschweißt an der Wand. Eine alte Mehlschüssel lebt als Waschbecken weiter und das ehemalige Stallfenster wurde zum verglasten »Guckkasten«, in dem Antiquitäten des alten Eisen-Handwerks aufbewahrt werden. Der Amboss mitten im Wirtshaus ist heute ein beliebtes Fotomotiv und taucht auf den Bierdeckeln und im Logo auf, das die Schmidd'n als »Kaffee & Land-Wirtschaft« ausweist.

Dass ihr »land-wirtschaftliches« Konzept solche Wellen schlagen würde, hat sie »komplett überwältigt«. Ihre selbst gebackenen Kuchen und die Schmidd'ntorte kommen so gut an, dass die sanierungserprobten Damen und ihre »Back-Leidenschaft« überregional bekannt

Beim Ausbau war den Macherinnen wichtig, Ursprüngliches zu belassen und Elemente des alten Fachwerks zu zeigen. Sogar der alte Amboss hat seinen Ehrenplatz vor dem roten Sofa bekommen.

sind. Alle fünf sind unter der Woche weiterhin in ihren Berufen tätig. Keine von ihnen hat eine gastronomische Vorgeschichte, doch seit Eröffnung der »Schmidd'n« einen neuen Alltag als Wochenend-Wirtin: Drei Tage lang wird gebacken, gekocht und bewirtet. Im Winter gibt es heiße Suppen, im Sommer Salate (Brot-Salat) und hausgemachte »Hollerschorle«. Die Karte ist übersichtlich, denn es wird immer frisch gekocht und keinesfalls auf Convenience zurückgegriffen.

Gut und regional »beschlagen« sind auch die Schnapsgläser mit heimischen Bränden, die auf antiken »Holztischen von der Oma« serviert werden, wo zuvor das Brotzeitbrett mit Wurstspezialitäten vom Metzger aus dem Nachbarort abgeräumt wurde. Genau so möchte es das Damen-Quintett: »Ein Platz für Geselligkeit, einfach und gut, so wie wir.«

Ausflugstipps

Marktbergel liegt in unmittelbarer Nähe zu den ehemals freien Reichsstädten Bad Windsheim – bekannt für das fränkische Freilandmuseum und das einzige Heilbad in Franken – und Rothenburg ob der Tauber mit seiner weltberühmten historischen Altstadt.

Wandern kann man in den mittelfränkischen Weinbaugebieten rund um Ergersheim, Ipsheim und Weimersheim. Als Hausstrecke und um einen Eindruck von der Gegend zu erhalten, empfehlen die fünf Schmidd'n-Frauen den Petersberg mit seinem 3,5 Kilometer langen Naturerlebnispfad. Da wachsen Enzian und Orchideen. Mit insgesamt über 700 Pflanzenarten ist botanisch viel geboten. Auch selten gewordene Schmetterlings- und Vogelarten lassen sich hier beobachten und hören.

Immer eine Reise wert ist der benachbarte Erholungsort Burgbernheim. Traumhaft ist es dort zur Obstblüte, denn Burgbernheim ist Paradies und Heimat für über 30.000 Streuobstbäume.

Fränkischer Kochkäse

Für 4–6 Portionen
200 g Limburger | 200 g Harzer | 250 g Butter | 250 g Quark |
200 ml Sahne | 1 TL Backnatron | 1 TL ganzer Kümmel | Salz und
schwarzer Pfeffer, frisch gemahlen

■ Limburger und Harzer klein schneiden. Mit Butter in einem
Topf unter ständigem Rühren langsam schmelzen lassen. Quark
und Sahne einrühren. Zum Schluss Kümmel und Natron dazuge-
ben, mit Salz und Pfeffer abschmecken. Gut umrühren (Vorsicht:
Die Masse geht hoch!).
■ Vom Herd nehmen, umfüllen und bis zum vollständigen
Erkalten mehrmals umrühren. Im Kühlschrank aufbewahren.
In Portionsgläsern anrichten oder Nocken abstechen und mit
kräftigem Bauernbrot servieren.

Schmidd'n-Torte

Für 1 Springform mit 28 cm Ø
150 g Kuvertüre (mind. 50 % Kakaoanteil) | 7 Eier | 140 g Butter |
140 g Zucker | 20 g Kakaopulver | 120 g Weizenmehl (Type 405) |
1 TL Backpulver
Zum Bestreichen: 400 g Holunderblütengelee
Für die Glasur: 2 EL Honig | 200 ml Sahne | 30 g Butter | 150 g Kuvertüre (mind. 50 % Kakaoanteil)

■ Kuvertüre über dem heißen Wasserbad schmelzen, dann unter Rühren lauwarm abkühlen lassen. Eier trennen. Butter mit der Hälfte des Zuckers schaumig rühren, Eigelbe einzeln unterrühren. Die etwas abgekühlte Kuvertüre unter die Creme ziehen.
■ Eiweiß steif schlagen, restlichen Zucker dabei einrieseln lassen. Den Backofen auf 170 °C vorheizen.
■ Ein Drittel des Eischnees unter die Creme rühren, zwei Drittel auf die Creme geben. Kakaopulver und Mehl mit Backpulver vermischen und auf den Eischnee sieben. Vorsichtig unterheben und die Masse in eine gefettete Springform geben. Auf der mittleren Schiene 45 Minuten backen.
■ Biskuit in der Form abkühlen lassen. Einmal waagerecht durchschneiden.
■ Gelee erhitzen, die Hälfte auf den unteren Boden streichen, den oberen Tortenboden wieder aufsetzen. Torte mit dem restlichen Gelee oben und an den Rändern bestreichen.
■ Für die Glasur Kuvertüre grob hacken. Honig mit Sahne, Butter und Kuvertüre vorsichtig erhitzen, bis sich die Kuvertüre darin auflöst. Glasur 30 Minuten lauwarm abkühlen lassen, dabei wiederholt durchrühren. Kuchen mit dem Schokoguss überziehen und über Nacht kaltstellen.

5

Geschichte(n) im ehemaligen Frauenkloster

Christiane Müller-Kinzel im Hotel Schwarzer Adler
in Erlangen-Frauenaurach

Adresse
Herdegenplatz 1
91056 Erlangen-Frauenaurach
Telefon: +49 9131 992051
E-Mail: SchwarzerAdler-
Frauenaurach@web.de
www.hotel-schwarzer-adler.de

Öffnungszeiten
Weinstube geöffnet: Montag
bis Donnerstag 18–23 Uhr

Hier möchte man sofort verweilen und die Historie des
Hauses auf sich wirken lassen. Im Hotel »Schwarzer Adler«
belebt Christiane Müller-Kinzel ein Stück lokale Gastronomiegeschichte.

Schon beim Öffnen der Haupttür des 300 Jahre alten Fachwerkhauses mit seiner schönen, Wärme und Behaglichkeit ausstrahlenden Gaststube ist die Anwesenheit einer langen Geschichte spürbar. Aus einer Beschreibung von 1702 geht hervor, dass der
Schwarze Adler auf ehemaligem Klostergrund entstanden ist; Frauenaurach war bis zum 16. Jahrhundert ein Frauenkloster.

Der Schwarze Adler besaß zu jener Zeit die sogenannte »Taferngerechtigkeit«, das heißt, es durften Gäste beherbergt und bewirtet werden. Das Haus hat seitdem viele Wirtsleute kommen und
gehen sehen, bei denen unzählige Menschen Rast machten. Das
deshalb, weil im Ort seinerzeit das Rentamt beheimatet war und
die zahlreichen Gasthöfe von Reisenden besucht wurden, die ihre
Steuern und Abgaben entrichteten. Später wurde das Rentamt nach
Erlangen verlegt, und in Frauenaurach grassierte ein Wirtshaussterben.

Dank Christiane Müller-Kinzel ist der Schwarze Adler seit 1982
wieder ein Refugium der Gastlichkeit wie früher, obgleich dies
mehrmals auf der Kippe stand. Nach dem Zweiten Weltkrieg war
hier die Schule untergebracht, der Wirtshausbetrieb wurde eingestellt, zum Schluss war das Haus privat vermietet. 1978 kaufte sie
mit ihrem Mann das Haus, das heute unter Denkmalschutz steht.
»Ich war hin und weg, als ich es gesehen habe«, sagt Christiane

Die Geschichte des Hauses
reicht bis ins Jahr 1702 zurück.
Im 20. Jahrhundert war hier ein
Gemischtwarenhandel, und
auch die Schule war an diesem
Ort schon untergebracht.

Müller-Kinzel; sie muss nicht lange in der Erinnerung kramen, um ihre Eindrücke von damals zu schildern. Sie steckt ihre Nase liebend gerne forschend in Kunstgeschichtsbücher, und so fällt ihr zu jedem Accessoire, das die Gaststube, den Flur oder den verträumten Innenhof ziert, die passende Anekdote ein.

Christiane Müller-Kinzel ist glücklich, die Geschichte fortzuschreiben. Nach dem Tod ihres Mannes entschied sie sich, gerade 60 geworden, nochmals neu anzufangen: Sie wurde Wirtin, kümmert sich um die Hotelgäste und bereitet morgens das Frühstück frisch für sie zu. Am Abend serviert sie in der gemütlichen Wirtsstube Brotzeit und Salate. Zum Ausspannen und Abschalten widmet sie sich ihrer zweiten Leidenschaft: der Musik. Sie spielt Hackbrett und Harfe. Sie musiziert in der örtlichen Saitenmusikgruppe, hin und wieder bringen sie und die Kollegen ihre Instrumente auch in der Wirtsstube zum Klingen. Tangoabende liegen auf ihrer Linie, obgleich sie selbst fränkische Volkstänze in einer Gruppe tanzt. Theatergruppen waren bei ihr zu Gast, immer wieder veranstaltet die Mitbegründerin des Heimatvereins Frauenaurach auch Lesungen. Regelmäßig trifft sich ein Witwen-Stammtisch, bei dem über alles geredet werde – »außer über den Tod und über Krankheiten«.

Hätte ihr Notendurchschnitt gereicht, wäre sie vielleicht Landärztin geworden. Es kam anders: Sie studierte Germanistik und Romanistik fürs Lehramt, anschließend Theaterwissenschaft und Kunstgeschichte. Ihre Schwäche für schöne Raumgestaltung kommt in der Gaststube zum Tragen: Auf den Tischen sind frische Blumen und geschmackvolle Tischdecken, Kerzenleuchter und feines Besteck Ausdruck des guten Stils der Gastgeberin.

Der Wirtshausausleger ist eine Neuanfertigung von 1982 nach einem Entwurf von Bildhauerin Gertrud Nein. Ebenso die Glaslampen an der Gaststubendecke. Sie wurden nach alten Vorbildern von einem Kunstglaser angefertigt. Das »Rad« an der Decke dient als Aufhängung für den Advents- oder Osterkranz und ist eine Arbeit eines Kunstschmieds, der auch die Lampenaufhängungen angefertigt hat (oben und linke Seite).

Ausflugstipps

Fränkisches Freilandmuseum in Bad Windsheim mit Tag der Volksmusik einmal jährlich.

Im Töpfereicafé in Gräfenberg leben drei Generationen unter einem Schieferdach. Familie Kunzmann bietet Gästen des Cafés hausgebackene Kuchen und Torten, in der Töpferei nebenan (Neusles 9, 91322 Gräfenberg) kann man sich über traditionell ausgeführte Handwerkskunst informieren und die Produkte in Augenschein nehmen.

Zweckmäßig und schön: moderne Küchenutensilien aus Edelstahl, die sich nicht in der Schublade verstecken müssen.

Fränkischer Tomaten-Wurst-Salat

Für 1 Portion

1 Schalotte | Salz | 150 g Hausmacher-Stadtwurst | 2 sonnenreife Tomaten, zimmerwarm | 2 Cornichons | 1 EL Aceto balsamico bianco | 1–2 EL natives Olivenöl extra | schwarzer Pfeffer aus der Mühle

■ Die Schalotte schälen und in feine Ringe schneiden, etwas salzen.

■ Die Wurst in Scheiben und diese in Streifen schneiden. Die Tomaten waschen, den Stielansatz entfernen und in kleine Würfel schneiden. Die Cornichons in feine Scheiben schneiden. Alles miteinander vermengen.

■ Aus dem Aceto, Olivenöl, Salz und Pfeffer eine Vinaigrette herstellen und den Wurstsalat damit marinieren. Mit Bauernbrot servieren.

Häcker-Brotzeit

Für 1 Portion

2 Scheiben Coburger (oder ein anderer luftgetrockneter) Schinken |
2 Scheiben Hausmacher Leberwurst | 2 Scheiben Thüringer Rotwurst |
1 Bratwurst, geräuchert | 1 EL gerupfter Käs (Obazda)
Außerdem: Butter | Meerrettich | 1 Stückchen Tomate | 2–3 Cornichons

■ Die genannten Zutaten auf einem Holzbrett anrichten. Dazu
Bauernbrot reichen.

Häcker ist der fränkische Begriff für den Arbeiter im Weinberg.

Gerupfter Käs

Für 4 Portionen

250 g weicher Tortenbrie | 60 g Butter | 60 g Sahneschmelzkäse |
1 Zwiebel, geschält und fein gehackt | Salz | schwarzer Pfeffer aus der
Mühle | Paprika edelsüß

■ Die genannten Zutaten (Käse und Butter sollten Zimmertemperatur haben) vorzugsweise mit der Hand verkneten. Mit Bauernbrot servieren.

6

Die Himmelsstürmerin

Christine de Vries im Gasthof Michelsberg in Hersbruck

Adresse
Hans-Sachs-Ring 21
91217 Hersbruck
Telefon: +49 9151 8178866
E-Mail:
info@michelsberg-hersbruck.de
www.michelsberg-hersbruck.de

Öffnungszeiten
Mittwoch bis Samstag 11–24 Uhr
Sonntag 10–21 Uhr
Montag und Dienstag Ruhetag

Christine de Vries klettert für ihr Leben gern. Auch gastronomisch hat es sie in die Höhe verschlagen. Die Gaststätte Michelsberg auf dem »Hausberg« von Hersbruck wird durch sie kulinarisch zur »Gipfelstation«.

Christine de Vries ist fasziniert von der Aussicht. Weit geht der Blick über die roten Ziegeldächer von Hersbruck hinaus ins Pegnitztal, auf grüne Wiesen und viel Wald. Ein Blick, den der Gast hier, 419 Meter über dem Meeresspiegel, im Sommer von der Terrasse aus besonders gut genießen kann. In der dunklen Jahreszeit wähnt man sich in einem Wintergarten: Im lichtdurchfluteten und in hellem Grün gestalteten Speisesaal fühlt man sich dem Himmel gleich etwas näher.

Die »höhenerprobte« Wirtin wirbelt in der Küche und am Tresen und hat immer ein Ohr für ihre Gäste. Ihre Augen leuchten, sobald sie von ihrer Kletterleidenschaft erzählt: »Im Fels zählt das, was ich im Moment tue, der Kopf wird total frei«. Das gilt auch für die Küche. »Der Moment ist entscheidend, damit ein Gericht gelingt«, sagt sie.

Christine de Vries kocht, worauf sie Lust hat. Wichtig ist die sinnvolle Abwechslung auf der Karte und die Qualität auf dem Teller, zu sehen an der variantenreichen Karte: gutbürgerliche Küche fränkischer Abstammung. Bier aus Hersbruck. Wein aus Franken und Frankreich. Schnäpse aus dem Weltladen. Kaffee aus fairem Handel. Kuchen von einer kleinen Manufaktur im acht Kilometer entfernten Kirchensittenbach. 26 Sorten Saftschorle und verschiedene Wassersorten. Braten gibt es am Wochenende frisch aus dem Ofen.

Die Wirtin lernte Restaurantfachfrau – ihr Traumjob. Vor der Selbstständigkeit war sie mit Freude Ehefrau und Mutter. Der Nachname sagt es schon: Christine de Vries war mit einem Holländer verheiratet und lebte in den Neunzigern des vergangenen Jahrhunderts drei Jahre in Indonesien. Zurück in Deutschland wurde

Einladend möbliert, stimmungsvoll dekoriert: Hier ist man dem Himmel ein Stück näher.

Christine de Vries klettert für ihr Leben gern, läuft auch mal einen Marathon und hat sich den höchsten Punkt in Hersbruck für ihr Restaurant ausgeguckt. Durch schöne Fenster kann der Blick über die roten Dächer der Altstadt und weit ins schöne Pegnitztal schweifen.

Schleswig-Holstein ihre Heimat, wo ihr Kochtalent bald »aufflog«, wie sie schmunzelnd anmerkt, und sie fährt fort: »Wann immer im Kindergarten Suppe für 50 Personen zu kochen war, hatte Mama de Vries sofort den Finger oben.« Auch hatte sie häufig Gäste im Haus und arbeitete nebenbei in einem Gasthof – in einer Küche mit sieben Frauen. Die erste Herausforderung war die Frage einer Kollegin, die sich selbstständig machen wollte: »Magst du nicht bei uns einsteigen?« Worauf sie aus dem Bauch heraus antwortete: »Ja, aber wer kocht dann?« Darauf die Kollegin: »Na du, das schaffst du.«

Aus dieser Episode schöpfte sie den Mut für eine eigene Wirtschaft. Sie brach nach der Scheidung die Zelte in Norddeutschland ab und kehrte in die Heimat zwischen Pegnitz und Fränkischer Schweiz zurück, wurde Wirtin in der Edelweißhütte im sechs Kilometer entfernten Deckersberg und pachtete von der Stadt im Jahr 2011 ihre zweite »Bergstation«, den Michelsberg, auf dem einst die Feuerwächter auf Brände im gesamten Umkreis zu achten hatten.

Der letzte Feuerwächter starb 1875. Es dauerte knapp 25 Jahre, bis 1898 ein »richtiges Berggasthaus« entstand. »Ihm hat der Verdienst nicht ausgereicht, darum fing er an, nebenher Getränke zu verkaufen«, erzählt Christine de Vries.

Statt der Glocken aus dem Türmchen, die der Feuerwächter bei Gefahr zu läuten hatte, dringt heute allenfalls das Läuten der Kirchenglocken aus Hersbruck hinauf. Ansonsten verweilt der Gast in ruhiger Höhenlage, in dem das sympathische Lachen der Wirtin und ihr herzliches »Grüß Godd« die Alarmglocken längst abgelöst haben.

Ausflugstipps

Hersbruck hat eine bezaubernde Altstadt, die von drei markanten Türmen eingefasst wird. Direkt vor den Stadttoren locken zahlreiche Kletter- und Wandermöglichkeiten inmitten traumhafter Felslandschaften. Für »Gipfelstürmer« lohnen sich die Klettersteige im Hirschbachtal. Je näher man dem Pegnitztal in Richtung Fränkische Schweiz folgt, desto mehr Felsen säumen die wundervolle Landschaft. Majestätisch schauen sie über den Baumkronen hervor oder ragen direkt neben dem Wanderweg aus dem Waldboden. Die Gegend um Hersbruck wird darum gerne die »Hersbrucker Schweiz« genannt. Die deutschen Sportkletterer Wolfgang Güllich und der Nürnberger Kurt Albert sind von Hersbruck aus schon zu Trainingstouren gestartet.

Radfahrern sei der knapp 300 Kilometer lange Fünf-Flüsse-Radweg empfohlen. Hier lassen sich mit dem Fahrrad in Niederbayern, der Oberpfalz und Mittelfranken die Ufer von Pegnitz, Vils, Naab, Donau und Altmühl erkunden.

Weitere lohnenswerte Ziele sind der Mühlenweg im Hammerbachtal oder als Aussichtspunkte der Arzbergturm, der Glatzenstein und der Hohenstein. Im Naturschutzzentrum Wengleinpark in Eschenbach werden natur- und heimatkundliche Exkursionen zu Flora, Fauna und Landschaftsgeschichte angeboten.

Die Bücher werden nicht verliehen. Christine de Vries liebt sie sehr und hat sie durch 17 Umzüge immer tapfer mitgeschleppt. Mit im Bücherregal vertreten sind auch die alten Kochbücher ihrer Großtante Grete, die eine sehr eifrige Kochbuchschreiberin war (ganz oben). Die rot-weißen Fensterläden sind in den Farben des Stadtwappens von Hersbruck gehalten (oben).

Ofencamembert »Montmirail«

Für 1 Portion
Für die Marinade: 40 ml Weißwein | 20 ml Orangenlikör | 1 Bio-Orange, Zesten und Saft | 100 g Rosmarin, Nadeln grob gehackt | 100 g Thymian, Blättchen grob gehackt | 2 Knoblauchzehen, geschält und in feine Scheiben geschnitten | 1 Prise grobes Meersalz | schwarzer oder bunter Pfeffer aus der Mühle | 40 ml natives Olivenöl extra
Außerdem: 1 Camembert (125 g)

■ Aus den genannten Zutaten eine Marinade herstellen. Den Camembert auf einer Seite rautenförmig einschneiden.
■ Den Backofen auf 200 °C vorheizen.
■ Den Käse in einer kleinen ofenfesten Form in Backpapier packen, 1–2 EL Marinade darübergeben (den Rest für weitere Päckchen verwenden) und das Päckchen fest zubinden. Die Form für 10–12 Minuten in den heißen Ofen geben.

Baguette und ein kleiner Blattsalat schmecken sehr gut dazu. Und wer es sich besonders gut gehen lassen möchte, rundet den Genuss mit einem trockenen Côte du Rhône ab. Der Name des Gerichts stammt von den Dentelles de Montmirail, einem Klettergebiet im Rhônetal.

Hähnchen in Salbeisahne

Für 4 Portionen

Für die Sauce: 1 EL Butter | 2 EL Rapsöl | 3 EL Zwiebeln, fein gehackt |
100 g Salbeiblätter, fein gehackt | 1 EL Mehl | 1 EL Weißwein, alternativ
Milch | 400 ml Sahne | Salz | schwarzer Pfeffer aus der Mühle
Für die Hähnchenbrust: 2–3 Hähnchenbrüste à 200 g | Salz | schwar-
zer Pfeffer aus der Mühle | Paprika edelsüß | 1 TL Rapsöl | 1 TL Butter

■ Für die Sauce die Butter und das Öl in einem Topf erhitzen und
die Zwiebeln und den Salbei anschwitzen. Mit dem Mehl bestäuben und mit dem Weißwein oder der Milch ablöschen. Die Sahne
angießen und mit Salz und Pfeffer würzen.
■ Die Hähnchenbrüste säubern, halbieren, etwas plattieren
(es sollen gleichmäßige Stücke entstehen). Mit Salz, Pfeffer und
Paprika würzen.
■ Das Öl und die Butter in einer hohen Pfanne erhitzen und die
Fleischstücke auf beiden Seiten anbraten. Die Sauce hinzufügen
und das Ganze abgedeckt gar ziehen lassen.

Dazu reicht Christine de Vries Fusilli, die in zerlassener Butter geschwenkt
werden, und garniert das Gericht mit Basilikum.

Adresse

Kirchenweg 3 a
90419 Nürnberg
Telefon: +49 911 9373455
E-Mail: info@wuerzhaus.info
www.wuerzhaus.info

Öffnungszeiten

Dienstag bis Freitag
11.30–14 Uhr
Montag bis Samstag
ab 18 Uhr
Sonntag Ruhetag

7

Hier steppt der Rettich und das Lamm trägt Melone

Diana Burkel im Restaurant Würzhaus in Nürnberg

Küchenchefin Diana Burkel, eine junge Starköchin mit punkiger Frisur, bringt das Kochen auf den Punk(t). Auf den Tellern geht gehörig der Punk ab, wenn sie Feta mal zwei mit Tomatengelee oder Rindertatar mit Rettich und Cashewnüssen serviert.

Das erste Amuse-Gueule ist die Speisekarte: Schon das Lesen der Gänge ist appetitanregend und »Futter« für den Geist. Der wird im Laufe eines Menüs mehrmals herausgefordert: bei Meetings auf den Tellern, die »Aprikose trifft karamellisierte Olive« heißen. Oder wenn sich die Gabel einer »Schweinerei mit Erbse und Melone« nähert, das Messer ein »Lachstrio mit weißer Rübe und Zitronen-melisse« zerteilt und das Lammfleisch von Wassermelone und Kakaobohne begleitet wird. Die Sinne Betörendes hat die Frau mit dem irokesenartigen Haarschnitt im Sinn.

    »Bei mir ist immer Fasching«, bekennt sie sich zu etwas Spaßi-gem, das ihre Arbeit ausmacht. Spaß macht es ihr, grundverschie-dene Elemente und Texturen neu zusammenzufügen: knusprig mit cremig, scharf mit kalt, roh mit gekocht. Mit ihren aufregend ange-texteten Menüvorschlägen trifft sie den Nerv der Zeit und die Ge-schmacksnerven »reisefreudiger« Zeitgenossen. Denn »Reisebereit-schaft« sollte der Gast schon mitbringen, erklärt sie – im Tonfall, mit dem sie auch eine Tagesempfehlung ausspricht. Sie bietet als »Reisebegleiterin« ein Erlebnis, das visuell beginnt. Sie hat einen Blick für Präzision und verzichtet auf Dekoration. Der Gastraum ist schlicht und puristisch eingerichtet. Das schafft Platz für innere Bilder, wenn der Gast die Dichte an Eindrücken erlebt, die in einem Gang verpackt sind. Ein Gericht beschreibt Diana Burkel in weni-

Das Würzhaus war über Jahr-zehnte hinweg eine der zahl-reichen, typisch fränkischen Karpfenbäckereien. Vom »Roritzer Eck zum Karpfenbäck« ist der markante Türgriff mit dem Fisch erhalten geblieben. Inzwischen wurde ein Durchbruch zur Terras-se geschaffen und die Gäste gelangen ebenerdig vom Gast-raum ins Freie.

Für die Tische wurden Vollholz-
platten von Möbelschreinern aus
Hersbruck verwendet, aus fränkischer und nachhaltiger Holzwirt-
schaft. Das ist der Grund, wes-
halb im Würzhaus auf blanken
Tischen serviert wird. Durch den
Verzicht auf Tischdecken erlebt
der Gast das Naturprodukt Holz
mit allen Sinnen.

gen Schlagworten. »Ich gebe nur die Richtung vor, Details werden
nicht preisgegeben.« Wenn sie Feta und Tomate kombiniert, dekli-
niert sie es durch bis zur »Fetaeiscreme und Tomatenterrine aus
Ofentomaten«. Rettich gibt es als Rettichcannelloni, Rettichsalat aus
Rettichgrün und als gebratenen Rettich. Mit dem knappen Antexten
will sie die Fantasie anregen, Lust machen auf die Geschmacksreise,
die kein Pauschalurlaub wird. In der Küche macht sie ein weites
Feld auf, orientiert sich an dem, was gerade wächst und tischt keine Wiederholungen auf: »Wir machen uns jedes Jahr neu Gedanken zum saisonalen Gemüse.« Ihr Konzept ist zweigleisig: Mittags
gibt es die »gute Mamaküche«, schnell und ehrlich gekocht, abends
Menüs auf Vorbestellung, mit darauf abgestimmten Weinen.

Diana Burkel war als Kind schon immer gerne in der Küche.
Ihre Mutter und die Oma haben gesagt: »Wenn du gut kochen kannst,
kommen alle zu dir und haben dich lieb.« Heute ist sie eine deutsch-
landweit angesehene Kreativköchin, die seit 2006 junge Köche aus-
bildet. Es ist ein handwerklicher Betrieb, ohne »Zauberpulver«, um
Geschmack reinzubekommen oder zu manipulieren. Die Ausrich-
tung ist »sehr gemüsig«, die Teller sind frei von »Mehlgebundenem«,
mindestens zwei vegetarische Gerichte stehen zur Auswahl. Jedes
Lebensmittel ist einbezogen ins Ganze: »Es gibt nichts, was einfach
nur dabeiliegt.«

Diana Burkel ist fleißig und arbeitet immer an sich. Das Kreativsein kann sie nicht lassen. Ehrgeizig? Ja. »Von meinem Vater habe ich die erfolgsorientierte Schiene ein bisserl geerbt«, meint sie. Nicht nur ihm ist sie dankbar. Ihr ist bewusst, dass es ohne die Menschen um sie herum nicht gegangen wäre. Gelernt hat die waschechte Nürnbergerin in der Alten Post bei Küchenchef Thomas Bösel. Es folgten mehrere Stationen, unter anderem im »Premium Superior Hotel« in Südtirol und im »Essigbrätlein« in Nürnberg. Unterstützt wird sie im Würzhaus von zwei Männern: von Willi alias Josef Penzenleitner, dem Inhaber des Würzhauses und Ehemann von Diana Burkels Mutter, der sich um alles kümmert, das nicht direkt mit den Gästen zu tun hat, auch um den leidigen »Papierkram«, und Koch Christian Egelseer, ihr Stellvertreter und rechte Hand von Diana Burkel, der ihr immer den Rücken freihält.

Kochen bedeutet Glück für sie, weil Diana Burkel den Beruf als Kulturtechnik achtet: »Kochen bringt Menschen zusammen.« Wo sich Menschen auf ihre Menüs einlassen, sind Begegnung und Entwicklung möglich, sagt die »Botschafterin der Esskultur«. Sie bereitet das zu, was momentan wächst – und ermöglicht einen Austausch unter den Gästen, daraus kann wieder etwas Neues wachsen und entstehen. Menschen essen zusammen, entwickeln Ideen oder finden zwischenmenschlich zueinander. Liebesbeziehungen werden beim Essen eingefädelt, Menschen geben sich das Jawort im Restaurant, wichtige Geschäftskontakte werden gepflegt, Verträge geschlossen.

Flippig, punkig und extravagant wie die Haare, so ist ihr Kopf auch innen: »Alles entspringt dem freien Fluss der Gedanken, nichts wird nachgekocht«, sagt sie. Ihr Geheimnis liegt darin, dass sie sich inspirieren lassen kann. »Ich lese viel, habe viel gesehen in der Welt, esse auch gerne mal woanders und nehme mir Zeit, um an Menüs zu feilen.« Sie lässt ihren Geist frei wandern, bis er den »Superheldenmodus« in ihr aktiviert und sie eine klare Vorstellung davon hat, wie ein Gericht aussehen soll. »Wenn ein Maler weiß, wie ein Grünton auszusehen hat, weiß er, welches Blau und Gelb er mischen muss.« Der Gast bekommt von ihr »aber schon ein gscheid's Essen, nicht nur feine Pinselstriche zum Abkratzen auf dem Teller«, wie sie lächelnd ergänzt. Wie beim Malen brauche es zum Kochen neben dem Handwerk Leidenschaft und Mut, alles zu probieren. Warum Schokolade nur im Dessert finden? Warum nicht Curry auch als Eis groß herausbringen?

Gewürze sind die Schatzkammer in der Küche von Diana Burkel (ganz oben).
Harmonie pur, von den Tischen und Stühlen bis zum Besteck (oben).

Auf ihren eigenen Reisen hat sie gelernt, sich von traditionellen Zusammenstellungen zu verabschieden und über den Tellerrand zu schauen, um beim Kochen zum Punk zu werden.

Ausflugstipps

Ein Garant für hohen Naherholungswert ist das Gelände am Schmausenbuck, das zusammen mit dem Nürnberger Tiergarten zum Natura 2000 Netzwerk und Schutzgebiet gehört. Einst ein Vergnügungspark, im Mittelalter ein Vogelfangplatz, ist es heute eine grüne Insel mitten in der Stadt und bei Wanderern wie Radfahrern beliebt. Den Schmausenbuckturm können Besucher zwischen Mai bis September erklimmen.

Im Nürnberger Stadtteil Mögeldorf lohnt ein Kulturspaziergang auf dem Mögeldorfer Kirchenberg. Der Ort ist älter als Nürnberg selbst, die erstmalige urkundliche Erwähnung soll ins Jahr 1025 zurückreichen. Zahlreiche Kulturschätze von geschichtlicher und religionsgeschichtlicher Bedeutung finden sich in der gotischen Sankt Nikolaus- und Ulrichskirche, die 1416 erbaut wurde.

Gebackener Kräuterkarpfen mit Fenchel und grünem Apfel

Für 4 Portionen
Für den Backteig: 2 Eier | 150 g Mehl | Salz | 125 ml helles Bier | 100 g gemischte Kräuter (Petersilie, Dill, Schnittlauch, Kerbel, Kresse), fein gehackt | ½ Bio-Zitrone, abgeriebene Schale
Für den Karpfen: Salz | 4 Karpfenfilets à 150 g, jeweils geviertelt | 100 g Mehl | 300 ml Rapsöl
Für den Fenchelsalat: 2 Fenchelknollen | Salz | 2 EL Olivenöl | 1 Zitrone, Saft
Für die Apfelremoulade: 1 Bund Schnittlauch | 1 grüner Apfel | 1 EL Senf, süß | 3 EL Sauerrahm | Salz | schwarzer Pfeffer aus der Mühle

■ Für den Backteig die Eier trennen. Die Eigelbe (das Eiweiß beiseitestellen) mit dem Mehl und einer Prise Salz in eine Schüssel geben. Das Bier nach und nach mit dem Schneebesen einrühren und 5 Minuten quellen lassen. Die Kräuter und den Zitronenabrieb unterheben.

■ Für den Fisch das Eiweiß mit einer Prise Salz steif schlagen. Die Karpfenstücke trocken tupfen und salzen. Das Mehl in einen tiefen Teller geben.

■ Das Öl in einer Pfanne oder einem breiten Topf erhitzen. Den Eischnee in zwei Portionen unter den Backteig heben. Die Fischstücke leicht im Mehl wenden (überschüssiges Mehl abklopfen). Nun die Fischstücke mit einer Gabel durch den Teig ziehen, leicht abtropfen lassen und sofort in das heiße Öl geben. Die Temperatur reduzieren und die Fischstücke bei mittlerer Hitze von jeder Seite 2–3 Minuten goldbraun ausbacken.

■ Die Fenchelknollen putzen und waschen. Anschließend in feine Scheiben schneiden und etwas salzen. Leicht mit der Hand kneten und mit dem Olivenöl und dem Zitronensaft einen Salat herstellen.

■ Für die Apfelremoulade den Schnittlauch waschen, trocken schütteln und in Röllchen schneiden. Den Apfel fein raspeln oder in Würfel schneiden. Mit Senf und Sauerrahm vermengen und mit Salz und Pfeffer würzen. Die Schnittlauchröllchen unterheben.

Probieren Sie den Karpfen auch mal asiatisch! »Salzen« Sie den Fisch mit heller Sojasauce. Mischen Sie unter den Backteig statt der Kräuter geröstete Sesamsamen (Sie können Sesam ganz leicht in einer warmen Pfanne selbst auch rösten) und 1 TL frisch geriebenen Ingwer. Schon erhält der Fisch die gewünschte exotische Note.

8

Die Eisprinzessinnen

Marianne Heinl und Kerstin Raum in der Eismanufaktur
Dolomiddi in Nürnberg, Lauf und Fürth

Adresse
Winner Zeile 31
90482 Nürnberg-Laufamholz
Johannisstraße 19
91207 Lauf an der Pegnitz
Kaiserstraße 45
90763 Fürth
Telefon: +49 170 9053641
E-Mail: dolomiddi@googlemail.com
www.dolomiddi.de

Öffnungszeiten
Montag bis Sonntag 11–19 Uhr,
wetterabhängig bis 21 Uhr

Was kann sich ergeben, wenn sich eine Steuerfachgehilfin
und eine Spielzeughändlerin zusammentun? Wie man bei
Marianne Heinl und Kerstin Raum sieht, kommt Eis dabei heraus, das großartig schmeckt und das bis Sri Lanka bekannt ist.

Dass sie einmal eigene Eisrezepte in Sri Lanka etablieren würden,
damit hätten sie nicht gerechnet, als sie aus einer Weinlaune heraus
beschlossen, Speiseeis herzustellen und eigene Eismanufakturen
aufzumachen. Die Sri-Lanka-Geschichte sorgt bis heute für viel
Heiterkeit zwischen Marianne Heinl und Kerstin Raum. »Nach der
ersten Saison wollten wir nur noch raus und unter Palmen entspan-
nen«, erzählen sie. Sri Lanka schien ihnen wie geschaffen, um abzu-
schalten von der anstrengenden ersten Saison als Eismacherinnen.
Es kam, wie es kommen musste in einem heißen Land: Irgendwann
gab es anlässlich eines Essens Eis als Dessert. Ihr erster Gedanke
war: Das können wir besser. »Das Personal dort hat große Ohren
bekommen, als sie erfahren haben, dass wir eine Eismanufaktur
haben«, erzählt Marianne Heinl. Ehe sie es sich versahen, ließen sie
sich in die Küche führen und standen vor der Eismaschine. Da gab
es für die »Eis-Prinzessinnen« aus dem fernen Europa kein Halten
mehr. Und so machten die Nürnbergerinnen in den Ferien wieder
Eis, diesmal gutes Fruchteis aus Bananen und Mangos – natürlich
»just for fun« und um Tipps zu geben. »Wir haben ihnen gezeigt,
wie man Eis ohne Eier machen kann«, sagt Kerstin Raum. Und
Marianne Heinl fügt hinzu: »Anscheinend machen sie bis heute
ihr Fruchteis so.«

Zwei Frauen hatten eine Idee. Von dieser Idee bis zur eigenen
Eismanufaktur dauerte es zwei Jahre. Sie drückten gemeinsam die
Schulbank in der »Eisschule«, haben sich auf Eismessen in Rimini
und Longarone in den Dolomiten informiert und sich viel Wissen
autodidaktisch angeeignet.

Die gelbe Frau ist mehr als ein
Hingucker, sie ist eine Tischnach-
barin: Frau und Mann sollen im
Dolomiddi nicht alleine am Tisch
sitzen. Immer wieder setzen sich
Menschen zu ihr an den Tisch.
Auch Kinder finden sie gut.
Die Eismacherinnen: Kerstin
Raum links und Marianne Heinl
daneben (linke Seite).

Das pinkfarbene Schweinchen (ganz oben) ist die Kaffeekasse fürs Personal. Pink und rosa ist auch manche Eiskugel – aber komplett ohne künstliche Farbstoffe (oben).

Marianne Heinl gab ihren schönen Spielwarenladen an die Tochter ab. Kerstin Raum kündigte ihren Job in einer Steuerberaterkanzlei, um sich »voll ins Vergnügen« zu stürzen. »Von einer Arbeitskollegin, deren Eltern in den 1950er-Jahren im Osten in alten Bottichen Eis gemacht haben, habe ich die ersten Rezepte erhalten«, erzählt sie von den Anfängen in einem winzigen Eislabor auf zehn Quadratmetern mit zwei Tiefkühlern und einem Schockfroster. Als erste Lektion lernten sie, dass von außen vieles »süß und goldig« aussieht, dass das aber täuscht. »Gelernt haben wir durch Schmerzen, mit Augenringen ohne Ende und wenig Schlaf«, flachsen sie. Inzwischen haben sie ihre Aufregung auf Eis gelegt und sind fasziniert von der Leckerei aus der Tiefkühltruhe.

Die einmalige fränkische Namensgebung Dolomiddi und den Wortwitz mit dem weichen Konsonanten »d« erklären die Frauen so: »In Franken gibt es fast nur weiche Konsonanten, und selbst wenn der Laden Dolomiti hieße, würde der Name in Franken mit Sicherheit trotzdem Dolomiddi ausgesprochen.«

An drei Verkaufsstellen gibt es die himmlisch guten Eissorten in zwölf Geschmacksrichtungen, darunter viele saisonale Sorten wie Erdbeer-, Rhabarber- oder Blutorangeneis. Mit Ananas, Zwetschge, Mohn, Minze oder als Lebkucheneis, vegan oder als Milcheis, mit hausgemachten Saucen oder ohne – Eis ist vielfältig. Und es schmeckt nicht jeden Tag gleich – zumindest wenn es wie im Dolomiddi frei von Zusätzen ist. Auch die Frucht-, Schoko- und Karamellsaucen sind Eigenprodukte. »Wir wissen, was drin ist, unsere Kunden auch«, sagen sie selbstbewusst. Statt die Eismasse mit Aromen anzureichern, stellen sie ihr Eis traditionell selbst her, schneiden täglich frisches Obst und verwenden nur Bionüsse einer regionalen Rösterei, die auch die Mandelmilch für die veganen Eissorten liefert. »Wenn das Grundprodukt gut ist, wird auch das Endprodukt gut. Damit heben wir uns ab«, sagt Marianne Heinl. Das Dolomiddi, für die eine Nürnberger Künstlerin die Wand- und Vitrinengestaltung entworfen hat, wurde unter die acht besten Eisdielen Nürnbergs gewählt. Das dürfte über die Grenzen Nürnbergs hinaus bis nach Sri Lanka niemanden wundern, der das Eis schon probieren durfte ...

Ausflugstipps
Die Verlängerung der Winner Zeile in Richtung Pegnitz führt zur
Ruine des ehemaligen Wasserschlosses Oberbürg. Am Fluss entlang kann man bis zum sehenswerten Industriedenkmal Hammer
laufen (Museum im Glockenhaus sonntags geöffnet).

Schokoladeneistorte

Ergibt 1 Torte mit 20 cm ⌀
175 g Eigelb | 175 g feiner Zucker | 1 TL Espressopulver | 200 g flüssige
dunkle Kuvertüre | 20 ml Amaretto (Likör) | 500 ml Sahne | 1 Biskuit-
tortenboden, hell oder dunkel, nach Belieben
Für die Ganache (Pariser Creme): 250 g Schokolade (70 % Kakao-
gehalt; alternativ 300 g bei Zartbitterschokolade, 400 g bei Vollmilch-
schokolade, 600 g bei weißer Schokolade) | 200 ml Sahne
Zum Bestreuen: Krokant | Schokoraspel oder gehobelte Mandeln
nach Belieben

■ Eigelbe, Zucker und Espressopulver über dem Wasserbad warm
schlagen. In die Küchenmaschine füllen und etwa 15 Minuten
kalt schlagen.
■ Die Kuvertüre und den Amaretto unter die kalte Masse rühren.
Die Sahne schlagen und unterziehen.
■ Für die Ganache die Schokolade fein hacken und in eine Schüs-
sel geben. Die Sahne aufkochen lassen. Die heiße Sahne über die
Schokolade gießen. Die Schokosahne 5–10 Mi-
nuten stehen lassen. Anschließend die Masse
von der Mitte nach außen mit einem Schneebesen zu einer homogenen Creme rühren.
Nun die Ganache am besten über Nacht bei
Zimmertemperatur stehen lassen.
■ Den Biskuitboden in einen Tortenring legen
und die Sahne-Eimasse darauf glatt streichen.
Über Nacht in das Gefriergerät stellen.
■ Anschließend den Tortenring vorsichtig
abnehmen. Die Torte mit der Ganache überziehen. Den Rand nach Belieben mit Krokant,
Schokoraspeln oder gehobelten Mandeln
garnieren.

9

Die Überzeugungs-köchin

Christa Weinländer im Gasthaus Weinländer in Cadolzburg

Adresse
Marktplatz 13
90556 Cadolzburg
Telefon: +49 9103 8840
www.gasthaus-weinlaender.de

Öffnungszeiten
Montag bis Donnerstag
17.30–23 Uhr
Freitag 18–23 Uhr

Gegessen wird, was gut schmeckt, und was anderes kommt bei ihr sowieso nicht auf den Tisch. »Grüß dich, Christa«, will-kommen bei Christa Weinländer, die mit sehr eigenständigen Kreationen und eigenwilligen Aktionen gegen Fastfood und den Verfall der Esskultur angeht.

»Grüß dich, Christa« stammt aus dem Frankenkrimi »Nicht nur der Hund begraben«, in dem ein Kapitel in der Traditionsgaststätte im Herzen von Cadolzburg spielt. Der Autor gehört zu den Stammgäs-ten einer Wirtin, die in vielerlei Hinsicht »legendär« ist: Während der Woche speist der Gast bei ihr à la carte. Am Wochenende ist die Gaststätte geschlossen. Freitagabends gibt es ausschließlich Menüs, auf Vorbestellung. Den Grund für die ungewöhnliche Entscheidung, auch das Wochenendgeschäft nicht »mitzunehmen«, nennt sie offen und ehrlich: »Das hektische Freitagabend- und Wochenend-publikum, das vor der Party, vor dem Kino oder vor dem Kultur-besuch geschwind zum Essen kommt und will, dass alles schnell-schnell geht und billig ist, möchte ich nicht.« Sie kocht für ihr Leben gern, mit Herzblut, opfert Zeit und freut sich, wenn Gäste das zu schätzen wissen. Diese sollen sich wohlfühlen, sich auf ihre Kü-che einlassen und etwas Zeit mitbringen. Essen ist für die Wirtin ein Symbol für die Kunst des Müßiggangs. Bewusstes Kochen ver-steht sie als Kulturtechnik.

   Christa Weinländer ist für ihre ehrliche Küche weithin be-kannt – bis zu den Nürnberger Philharmonikern, die zu ihren Stammgästen zählen. Fast jeden Abend stehen auf allen Tischen »Reserviert«-Schilder. Wie schafft sie den Spagat, ihre eigenen Überzeugungen zu leben und wirtschaftlich existieren zu können? Sie sagt: »Gut essen ist wichtig, und das funktioniert immer.« Da-rum sucht man bei ihr vergeblich einen Kinderteller und die Frit-

Das Haus gegenüber war bis 1927 eine Gaststätte (oben). In Christa Weinländers Küche wird mit Holz und Gas gekocht. Das Buchen- und Kiefernholz heizt außer dem Küchenherd auch den gemütlichen Ofen in der Gaststube (linke Seite).

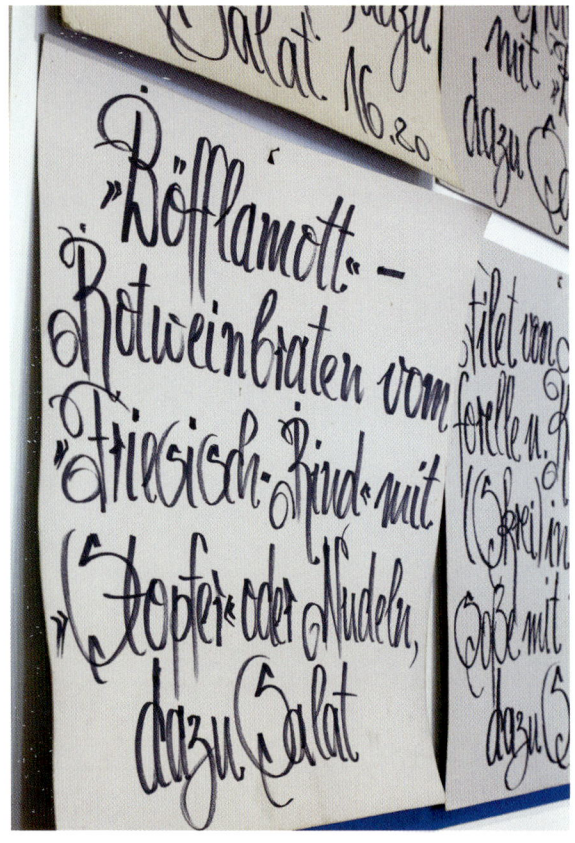

Die Tagesempfehlungen könnten einen Kalligrafie-Wettbewerb gewinnen: Ernst Klett, der Ehemann von Christa Weinländer, schreibt die Gerichte von Hand. Die Schrift hat er aus der klassischen Schreibschrift mit einigen Abweichungen selbst entwickelt (ganz oben).
Der Kaminofen wird mit dem gleichen Buchen- und Kiefernholz wie in der Küche geschürt und sorgt für rundum wohlige Wärme beim Essen (oben).

teuse. Kinder erhalten auf Wunsch einen Extrateller mit Kloß, Nudeln oder Kartoffeln. Menschen, die wenig oder gar kein Fleisch essen, lernen bei ihr, dass vegetarische Küche mehr ist als »Gemüseteller«. Die »Günstigesser«, die gewohnt sind, dass sie »zu jeder Zeit alles bekommen«, erleben, dass auch eine kleine überschaubare Speisekarte reichhaltig sein kann. »Knusprigesser«, die meinen, ein Essen müsse paniert sein, um zu schmecken, überzeugt sie mit Geschmack, der aus dem Lebensmittel selbst kommt. Es versteht sich von selbst, dass in ihrer Küche nichts »aus dem Päckle« kommt. Sie kocht wie ihre Großmutter, von der sie die Leidenschaft für die »aufwendige Überzeugungsküche« geerbt hat. Zu ihrer konsequenten Art steht sie, auch wenn manche Gäste dem »Braten« zunächst nicht recht trauen mögen. »Manchmal kämpft man wie Don Quichote«, seufzt sie. Am Schluss, wenn sie die ratzeputz leer gegessenen Teller abräumt, weiß sie, dass es sich gelohnt hat, keine Kompromisse zu machen.

Bevor sich die Wirtin 1989 selbstständig machte, war sie bei den Eltern beschäftigt. Kochen hat sie im »learning by cooking«-Verfahren gelernt. »Bei mir gibt es kein Chi-Chi«, sagt sie, schiebt ihre Schäufele in den Holzofen, eben so, wie das auch die Eltern gemacht haben. Auch den Kloßteig macht sie nach altem Hausrezept.

Es darf davon ausgegangen werden, dass sie ihren »Kampf gegen Windmühlen«, ihr offenes Einstehen für Geschmack und gegen »knusprige, viel zu rösche Kartoffeln« oder »Pommes fürs Kind« noch lange fortsetzt.

Ausflugstipps

Für Kinder gibt es in sechs Kilometern Entfernung den Playmobil Fun Park und für Familien und Wellnessliebhaber in 25 Kilometern Entfernung die Thermalbäder in Bad Windsheim. Die Gemeinde Cadolzburg bietet auf Anfrage Führungen in der reizvollen Altstadt an. Auf dem Dillenberg öffnet sich ein kleines feines und idyllisches Wandergebiet.

Krautwickerle mit Stopfer und Wirsinggemüse

Für 4–6 Portionen

Für die Krautwickerle: 150 g Semmeln | 250 ml Milch | 250 g Hackfleisch halb und halb | 50 g Brät | 2 Eier | Majoran, getrocknet | Rosmarin, fein gehackt | Salz | schwarzer Pfeffer aus der Mühle | Chiliflocken | 1 Zwiebel, geschält und fein gehackt | 1 großer Spitzkohl | 30 g Butterschmalz

Für den Stopfer: 1 ½ kg mehligkochende Kartoffeln, geschält | 250 ml Milch | 100 ml Sahne | 100 g Butter | 1 Prise Salz | schwarzer Pfeffer aus der Mühle | Muskatnuss, frisch gerieben | 1 Zwiebel | 1 EL Butter

Für das Wirsinggemüse: 1 mittelgroßer Wirsing, geputzt und die äußeren, unschönen Blätter entfernt | 1 kleine Zwiebel | 100 g Butter | 2 EL Sahne

- Für die Krautwickerle die Semmeln in Scheiben schneiden, in der Milch einweichen und gut ausdrücken.
- Das Fleisch durch die feine Scheibe des Fleischwolfs drehen. Hackfleisch, Brät, Eier und Gewürze sowie die Zwiebeln sorgfältig miteinander vermengen.
- Den Spitzkohl in kochendes Wasser geben und schichtweise von außen her die Blätter ablösen und abkühlen lassen.
- Das Kohlinnere in feine Streifen schneiden und mit der Hackfleischmasse vermengen. Die dicken Rippen der abgekühlten Kohlblätter entfernen. Die Blätter bilden die Umhüllung der Krautwickerle.
- Den Backofen auf 220–240 °C vorheizen. Die Hackfleischmasse gleichmäßig auf die Blätter verteilen und diese von beiden Seiten einrollen. Das Butterschmalz in einem Bräter erhitzen und die Wickerle rundum anbraten. Etwas Wasser angießen und im heißen Ofen 30–40 Minuten garen, dabei immer wieder darauf achten, dass genügend Flüssigkeit vorhanden ist.

Hinter einem fränkischen Stopfer verbirgt sich Kartoffelbrei, bei dem die Kartoffeln nicht durch die Presse gedrückt, sondern mit dem hölzernen »Kartoffelstampfer« zerdrückt werden. Dazu passt wunderbar die Mundartversion der hochdeutschen Kohlrouladen.

■ Für den Stopfer die geschälten Kartoffeln in Stücke schneiden und 20 Minuten in Salzwasser weich kochen. Abgießen und mit dem Kartoffelstampfer zerdrücken. Die Milch erhitzen und unterrühren. Die Butter und die Gewürze hinzufügen und kräftig mit dem Schneebesen aufschlagen.

■ Die Zwiebel schälen und in Ringe schneiden. Die Butter in einer Pfanne zerlassen und die Zwiebelringe anbräunen. Den Kartoffelstampf mit den angebräunten Zwiebelringen anrichten.

■ Den Wirsing in Streifen schneiden. Die Zwiebel schälen und in Ringe schneiden. Die Butter in einem Topf zerlassen und die Zwiebelringe glasig anschwitzen. Die Wirsingstreifen hinzufügen und bei niedriger Hitze 10–15 Minuten garen. Zum Schluss die Sahne einrühren.

Böfflamott mit Grünem Kloß und Blaukraut

Für 4 Portionen
Für das Böfflamott: 3 Zwiebeln | 1 Stück Knollensellerie | 2 EL Sonnen-blumenöl | 1 EL Butter | 1,5 kg Rinderschulter oder -hüfte | 1 EL Puder-zucker | 1 EL Tomatenmark | ½ Kalbsfuß | 500 ml Rotwein | 1 l Kalbsfond | 2 Lorbeerblätter | 4 Wacholderbeeren | 1 Zimtstange | 1 EL Rotweinessig
Für die Klöße: 3 Scheiben Weißbrot, vom Vortag | Butterschmalz | 1 ½ kg rohe Kartoffeln | 500 g Kartoffeln, gekocht, vom Vortag | ca. ¼ l Milch | Salz | ca. 80 g Kartoffelmehl (Speisestärke aus Kartoffeln), nach Bedarf
Für das Blaukraut: 1 kg Rotkohl | 1 Zwiebel | 2 Äpfel | 50 g Schweine-oder Gänseschmalz | 2 EL Essig | 1 EL Zucker | Salz | 1 Lorbeerblatt | 2 Nelken | 2 TL Mehl | 4 EL Rotwein

■ Die Zwiebeln schälen und fein hacken. Den Sellerie schälen und in Stücke schneiden. Das Öl mit der Butter in einem Bräter erhitzen und das Fleisch rundum kräftig anbraten. Herausnehmen.

■ Puderzucker und Tomatenmark in den Bräter geben und anrös-ten. Den Kalbsfuß, die Zwiebeln und den Sellerie dazugeben und ebenfalls anrösten. Mit dem Rotwein und dem Fond ablöschen.

■ Das Fleisch wieder einlegen und bei leichter Hitze 3 Stunden garen. Nach 2½ Stunden die Gewürze dazugeben.

■ Das Fleisch herausnehmen und in Scheiben schneiden.

■ Die Sauce durch ein Sieb passieren und mit dem Essig abschmecken. Ist die Sauce nicht sämig genug, noch etwas einkochen lassen.

■ Für die Klöße das Weißbrot in Würfel schneiden und in Butterschmalz in einer Pfanne anrösten. Die rohen Kartoffeln schälen und in eine Schüssel mit kaltem Wasser reiben. In einem überbrühten Baumwolltuch gründlich auspressen.

■ Die gekochten, geschälten Kartoffeln ebenfalls reiben. Die Milch aufkochen und heiß mit den gekochten, geriebenen Kartoffeln vermengen. Diese Masse mit den rohen, geriebenen Kartoffeln vermischen und nach Geschmack salzen. Falls der Kloßteig zu weich ist, Kartoffelmehl untermischen.

■ Mit angefeuchteten Händen aus der Masse etwa grapefruitgroße Klöße formen, Croûtons in die Mitte geben und wieder verschließen. Die Klöße in einem ausreichend großen Topf in siedendem Salzwasser ca. 20 Minuten garziehen lassen (das Wasser darf dabei nicht kochen). Mit einem Schaumlöffel herausnehmen.

■ Den Rotkohl putzen und waschen. Den Kopf in Viertel schneiden und den Strunk entfernen. Die Kohlviertel hobeln oder fein schneiden. Die Zwiebel schälen und fein hacken. Die Äpfel waschen, ggf. schälen, das Kerngehäuse entfernen und das Fruchtfleisch in feine Scheiben schneiden.

■ Das Schmalz in einem flachen Topf erhitzen und die Zwiebeln glasig anschwitzen. Die Äpfel und die Kohlstreifen hinzufügen und den Essig hinzufügen. Mit dem Zucker überstreuen und 10 Minuten zugedeckt dünsten. 250–350 ml heißes Wasser angießen und die übrigen Gewürze dazugeben. Zugedeckt 30–45 Minuten weich garen. Bei Bedarf heißes Wasser hinzufügen. Nach Belieben mit dem Mehl binden und mit dem Rotwein abschmecken.

■ Zum Servieren die Fleischscheiben mit der Sauce überziehen und die Klöße sowie das Blaukraut danebenanrichten.

Adresse
Am Kleeberg 4
91622 Rügland
Telefon: +49 9828 222 oder
+49 171 6766579
E-Mail: erika@kleine-eule.de
www.kleine-eule.de

Öffnungszeiten
Freitag ab 18 Uhr
Samstag ab 12 Uhr
Sonntag ab 11 Uhr

10

Mit Eulen essen

Erika Kinzel im Restaurant Kleine Eule in Rügland

Man muss sich gehörig die Augen reiben, so unglaublich klingt die Zahl: Geschätzte 5000 Eulen dekorieren das Reich von Erika Kinzel. Jede Eule hat im Gasthaus »Kleine Eule« einen Ehrenplatz.

Als wäre Erika Kinzel bei Pippi Langstrumpf in die Lehre gegangen, hat sie ein Reich geschaffen, das sich nur jemand ausdenken kann, der viel Fantasie und Freude an einem »kunterbunten Haus« hat. Aus jeder Ecke blicken Eulen in den Raum, auf Tische und Stühle. Man kommt aus dem Schauen und Staunen nicht mehr heraus – erst recht, wenn man erfährt, dass das alles ihr Werk ist. »Ich wollte Innenarchitektin werden, studieren ging nicht, aber jetzt kann ich alles, was ich an Raumgestaltung und Kreativität im Kopf habe, hier einbringen.« Ihre »schnuckelige Fantasieküche« passt hier genau dazu.

Manchmal steht sie morgens auf und fühlt sich, als wäre sie hundert, stellt sie sachlich klar. In einigen Stichworten kann man sich ihrer Biografie nähern, vollständig zusammenfassen lässt sich ihr abwechslungsreicher Lebensweg vermutlich nicht: Kindheit und Schule in Rügland in Mittelfranken, Hotelfachschule, Berufsjahre im Steigenberger und in einem Fünfsternehotel; den Schauspieler Horst Tappert (»Derrick«) und Ruth-Maria Kubitschek bediente sie dort ebenso souverän und professionell, wie sie als Jugendliche ambitioniert auf einer Alm jobbte. Während eines vierwöchigen Heimaturlaubs traf sie ihren heutigen Ehemann wieder, mit dem sie zur Schule gegangen war – es funkte, sie blieb. »An Tisch zwei«, wie sie versonnen erzählt. Mit Anfang Dreißig hatte sie das Gefühl, ihrem Wunsch, »noch etwas zu sehen von der Welt« recht nahe gekommen zu sein. »Solange der Kopf voll ist mit Ideen, muss man sie verwirklichen«, sagt sie. Die Frage, die bei vielen um die Fünfzig auftaucht – warum habe ich nicht? –, habe sie sich nie gestellt. Sie hält es für ein großes Glück, das Gasthaus im Haus ihrer

Die meisten ihrer vielen Eulen hat Erika Kinzel geschenkt bekommen – von Menschen, die wissen, dass die »Tierchen« hier in bester Gesellschaft sind.

Großeltern weiterführen zu können, wo
früher die Gaststätte »Zur Linde« war. Die
namensgebenden zwei großen Lindenbäu-
me vor dem Haus stehen noch, ansonsten
wurde alles umgekrempelt. Bei der Reno-
vierung schlug Erika Kinzel eine ungewöhnliche Reihenfolge ein: Als Erstes wid-
mete sie sich der Damentoilette, die rosa
gestrichen und »feminisiert« wurde. Feminisiert heißt: Hier kann sich jede Frau bedienen und frisch machen, Parfums, Deos,
Creme, Puder und Make-up stehen vor einem großen Spiegel.

   Wenn man ihr zuhört, sind Zwischen-
töne zu spüren, ein tiefes Einfühlungsver-
mögen. Als Wirtin ist sie für die Gäste da, ihren Job versteht sie
als Berufung: »Es gehört mehr dazu, als gut zu kochen und ein
paar freundliche Worte«, weiß Erika Kinzel, die immer für die
Gäste da ist. »Wer essen geht, will weg sein von seinen Problemen«,
sagt sie. »Die Menschen genießen es, etwas um sich herum zu haben zum Anschauen, dabei können sie abschalten.« Darum habe
sie mit den Jahren immer mehr schöne Dinge im Raum platziert,
dazu gehören die Eulen. Die meisten Eulen hat sie geschenkt bekommen. »Viele bringen mir eine aus den Ferien mit«, erzählt sie.
Noch immer kommen welche dazu, die Eulenfamilie wächst und
wächst, und immer findet die Eulen-Mama noch Nischen und Ecken
in ihrer Villa Kunterbunt. Ein Zimmermann hat die Fensterläden
speziell angefertigt – natürlich mit einer ausgestanzten Eule.

   »Wir hatten mal eine Schleiereule in der Scheuer, die wir mit rohem Fleisch gefüttert haben, sie ist aber wieder weg.« Erika Kinzel
ist eine Nachteule und eifrige Leseratte. Ihre Initialen Kinzel Erika
finden sich in der Kleinen Eule wieder. Das Hauptkriterium der
Namensgebung ist aber – und was wäre anderes von ihr zu erwar-
ten? – rein ästhetischer Natur: »Die Eule ist sehr bildlich und lässt
sich gut darstellen und malen.« Das lässt sich auch über die rosa
Fensterläden, die bunten Tassen in den pastellfarbenen Regalen
und über die historischen Haushaltswaren und Sammelstücke auf
türkisfarbenen Schränken sagen. Die Gaststube ist zum Malen
schön und zum Fotografieren reich – Raumgestaltung mit weibli-
chem Fingerspitzengefühl. Sie hat verschiedene Räume geschaffen,

In der Dekoration ihrer Gaststätte
lebt Erika Kinzel ihr gestalte-
risches Talent aus. Das Rosen-
geschirr (oben) steht im »Frauenzimmer« auf dem alten Radio
ihres Onkels. Es stammt von einer
guten Freundin, ebenso wie das
Gemälde dahinter (oben). Hinter
jeder Tür tut sich ein neues Reich
auf, eine eigene Welt. Aus Liebe
zu Blumen haben auch sie Ehren-
plätze (linke Seite).

Niedliche Dekorationen und eine kunterbunte Fantasieküche sind die Handschrift der Besitzerin Erika Kinzel, die früher einmal Innenarchitektin werden wollte. Jetzt hat sie ihre Wirtschaft, in der sie ihr Talent wundervoll zum Ausdruck bringt.

immer wieder ein anderes Thema umgesetzt: Die »Schlosstanten«-Stube, den Zaubersaal, die Coca-Cola-Theke und das »Frauenzimmer« – allein für dieses Wortspiel möchte man sie herzlich umarmen – sind Refugien für den Leib und für die kindliche, verspielte Seele in jedem von uns …

Ausflugstipps

Der nahe gelegene Naturpark Frankenhöhe bietet zahlreiche Möglichkeiten für Ausflüge. Ob zu Fuß, mit dem Fahrrad oder dem Auto finden sich viele Gelegenheiten zum Wandern und Einkehren.

Wellness bietet sich in den Frankenthermen im 32 Kilometer entfernten Bad Windsheim oder im Freizeitbad Novamare in Neuendettelsau an.

In Bad Windsheim lohnt auch ein Besuch des Fränkischen Freilandmuseums, http://freilandmuseum.de/informationen/oeffnungszeiten-preise.html.

Die Miniatur-Erlebniswelt im neun Kilometer entfernten Dietenhofen lässt die Herzen der Modelleisenbahnfreunde höher schlagen. Sie können sich erfreuen an einer Modellbahnanlage auf 47 Quadratmetern in N-Spur, das heißt im Modellbahnformat 1:160. www.miniatur-erlebniswelt.de

Rügländer Krautsbraten

Für 10–12 Portionen

Dieses Gericht war in der Familie von Erika Kinzel etwas für den Winter. Während der kalten Jahreszeit Kohl zu essen, war gang und gäbe. Zudem wurde im Herbst in der bäuerlichen Familie das Schwein geschlachtet.

1 kg Weißkraut | 2 Zwiebeln | 4 EL Schweineschmalz | 4 Weckli (Brötchen) vom Vortag, in Milch eingeweicht | 2 ½ kg Schweinehack | 5 Eier | Salz | schwarzer Pfeffer aus der Mühle | Muskatnuss, frisch gerieben | Paprika edelsüß | 2–3 EL Senf, mittelscharf

Außerdem: Schweineschmalz für die Pfanne

- Das Weißkraut putzen, dabei die äußeren Blätter entfernen, vierteln. Den Strunk entfernen und das Weißkraut in feine Streifen schneiden. Anschließend gut durchkneten.
- Die Zwiebeln schälen und fein hacken. Das Schweineschmalz in einer Pfanne zerlassen und die Zwiebeln glasig anschwitzen.
- Den Backofen auf 180–200 °C vorheizen.
- Die Weckli gut ausdrücken und unter das Schweinehack mischen. Die Eier und die Zwiebeln hinzufügen. Wiederum gut durchkneten und mit Salz, Pfeffer, Muskat, Paprika und Senf würzen. Das Kraut unterheben und nochmals gut mischen. (Die Krautmenge können Sie je nach Geschmack variieren.)
- Eine große Pfanne mit dem Schweineschmalz ausstreichen und die Masse einfüllen. Im heißen Ofen 90–100 Minuten backen. Die sich bildende Flüssigkeit nicht entfernen, damit der Krautsbraten nicht zu trocken wird. Kurz vor Garende mit Alufolie abdecken. Zum Servieren in Rechtecke schneiden.

Aus einem ehemaligen Antik-Café in der Fränkischen Schweiz stammen einige der schönen alten Möbel, unter anderem eine Holzbank, Stoffe, Stühle und Tische.

Als Beilage eignen sich Kartoffelsalat, Feldsalat mit Speckli (ausgebratenen Speckwürfeln) oder Endiviensalat. Manchmal gibt es auch Kartoffelsalat, gemischt mit Endivie, und dazu fränkischen Apfelmost.

11

Eine Frauenbastion mit »Quotenmann«

Christa Walther im Gasthof Zum Schnapsbrenner in Spalt

Adresse
Dorfstraße 67
91174 Spalt OT Großweingarten
Telefon: +49 9175 79780
E-Mail:
info@pension-schnapsbrenner.de
www.schnapsbrennerei.com

Öffnungszeiten
Montag bis Samstag ab 17 Uhr
Sonntag nur Mittagstisch
11–14 Uhr
Für Gruppen ab 20 Personen
nach telefonischer Voranmeldung
auch mittags geöffnet

Zu viele Frauen auf einem Haufen tun nicht gut? Das Gegenteil ist im Landgasthof Zum Schnapsbrenner der Fall: Hier setzen 19 Frauen und ein Mann dem emotional diskutierten Thema Frauenquote die Gelassenheit des Alltags entgegen.

»Was uns auszeichnet? Ganz klar, unsere Chefin«, sagt eine der 18 (ohne Chefin) Mitarbeiterinnen. Inhaberin Christa Walther hat Geduld ohne Ende und ebenso viel Humor. Von der Gelassenheit profitiert das gesamte Team. »Ich habe nur positive Erfahrungen gemacht«, sagt die Wirtin, die nach 18 Jahren in die reine »Frauenbastion« im Dezember 2013 den ersten Mann, einen gelernten Koch, eingestellt hat. Nachvollziehbar ist der »Quotenmann« angesichts des Pensums. Neben ihrer Arbeit als Küchenleiterin, die Menüs zusammenstellt und das Küchenteam koordiniert, managt sie elf Gästezimmer und die Ferienwohnung, ist »rechte Hand« in der Brennerei ihres Mannes, macht eigene Brennereiführungen und wacht als organisatorische Schaltstelle über den gesamten Betrieb.

Die Landwirtschaft der Vorfahren ihres Mannes ist bis heute ein fester Bestandteil. Sie besteht aus 12 Hektar Sonderkulturen mit Spargel und verschiedenem Obst, darunter 1500 Williams-Christ-Birnbäume. Zur Erntezeit stehen die Sortiermaschinen für Spargel und Kirschen kaum mehr still. »Schlehen müssen wir inzwischen zukaufen, weil es keine Pflücker mehr gibt«, erzählt Christa Walther. Was auf eigener Gemarkung wächst, findet sich in der raffinierten Küche wieder: So wird der »Schnapsbrennertoast« mit Apfeldestillat besprüht und fürs Kirschenbüfett der Schweinebraten mit Kirschwasser gespritzt. Apfel- und Zwetschgenmus zerfließen auf dem Kaiserschmarrn, der ganzjährig ein heiß geliebter Dauerbrenner im Schnapsbrenner ist. Im Regal mit den Digestifs stehen edle Spezialitäten: Die Gäste lassen sich überraschen vom Löhrpflau-

Viele der feinen Brände und Liköre werden aus eigenem Obst gebrannt. Die edlen Tropfen sind auch in manchen Gerichten enthalten und verleihen ihnen eine typische und einmalige Geschmacksnote.

Der Familienbetrieb ist geschmackvoller Gasthof, familienfreundliche Pension und gemütliche moderne Ferienwohnung in einem, inklusive eigenen Obstplantagen, Spargelanbau, Schnapsbrennerei und Vermarktung der Erzeugnisse.

menbrand, nippen mit Entdeckermiene am Kürbiskerngeist und heben die Augenbrauen angesichts seltener Brände beispielsweise vom Spargel. Viele Einheimische freut es, dass sich im Waltherschen Sortiment in der Hopfenregion Spalt der gute milde Hopfenbrand erhalten hat. Sie waren entweder selbst Hopfenpflücker oder haben jemanden in der Verwandtschaft, der mit diesem fast vergessenen Handwerk einst seine Familie ernährte.

Christa Walther lernte Hauswirtschaft im elterlichen Betrieb, sehr frühzeitig »übte« sie in der benachbarten Gastronomie und machte schlussendlich ihre Leidenschaft zum Beruf. In Hotels zwischen dem fränkischen Jura und der fränkischen Schweiz lernte sie das Kochhandwerk und sammelte Erfahrungen. Nach einer Weiterbildung zur Küchenleiterin arbeitete sie in einer renommierten Versicherung in München. Nachdem feststand, dass sie in einen landwirtschaftlichen Betrieb einheiraten wird, absolvierte sie ein Stipendium in der Jungbauernschule in Grainau. Während der ersten zwei Schwangerschaften paukte sie für die Meisterprüfung. »Da hatte ich ja Zeit ohne Ende«, sagt sie schmunzelnd.

Bevor sie und ihr Mann im Jahr 1995 den Landgasthof eröffneten, stand an der Stelle eine alte Hütte. »Da war der Holzbock im Gebälk und Schwamm bis zur Decke, wir mussten alles abreißen und erneuern«, erzählt sie. In diesem durch viel Eigenleistung neu errichteten Gasthof, der unter Denkmalschutz steht, fand sie in der Küche zu einer Form, in welcher der Obst- und Spargelbaubetrieb weiterbesteht und zu seinem Recht kommt. Bestes Beispiel sind die jahreszeitlichen Büfetts zusätzlich zur Standardkarte. Ihre Küche lässt sich unter »Landhausküche« zusammenfassen, wenn es denn eines Begriffes überhaupt bedarf. Auch hier gibt sich Christa Walther gelassen, lässt sich nicht von Zeitgeistströmungen aus dem

Konzept bringen. Seit 20 Jahren gibt es ausschließlich Steaks vom fränkischen Angus-Weiderind, nicht von anderen Kontinenten. »Wir haben schon regional gedacht und gekocht, als es noch nicht Trend war, weil wir immer schon Landwirtschaft hatten.«

Ausflugstipp

Das drei Kilometer entfernte Brombachseegebiet gehört zu den Highlights. Christa Walther empfiehlt, wo das Rasten sich lohnt: »Nicht rund um die Kioske und an den Badestränden, sondern an einer abgelegenen Stelle oder einer Bank, mit Blick aufs Wasser und in die Natur.«

Schweinesteak mit Braumalzkruste

Für 4 Portionen

Für die Braumalzkruste: 40 g Braumalz | 80 g Butter | 40 g Semmelbrösel | 10 g Petersilie, fein gehackt | 2 EL Olivenöl | 40 g Emmentaler, frisch gerieben | Salz | schwarzer Pfeffer aus der Mühle | 1 Knoblauchzehe, geschält und durch die Knoblauchpresse gedrückt (nach Belieben)

Für das Schweinerückensteak: 4 Schweinerückensteaks à 200 g | Salz | schwarzer Pfeffer aus der Mühle | 40 g Butterschmalz

- Das Braumalz schroten oder in der Kaffeemühle grob zermahlen.
- Die Butter schaumig rühren und die Semmelbrösel einrühren. Die Petersilie hinzufügen. Das Olivenöl mit dem geschroteten Braumalz vermengen. Den Käse hinzufügen. Alles miteinander vermengen und mit Salz und Pfeffer sowie Knoblauch nach Belieben würzen.
- Die Schweinerückensteaks klopfen und mit Salz und Pfeffer würzen. Das Butterschmalz in einer Pfanne zerlassen und die Steaks von beiden Seiten goldbraun knusprig braten.
- Aus der Pfanne nehmen und eine Seite mit der Braumalzkruste bestreichen und andrücken.
- Die Steaks unter dem Grill überbacken.

Dazu passen Kartoffelbeilagen aller Art und ein bunter Blattsalat.

12

Kochen mit Liebe und Herz

Christine Günthner in der Weinstube Altes Rathaus in Unterhaid

Adresse
Hauptstraße 27
96173 Unterhaid
Telefon: +49 9503 7583
E-Mail:
info@weinstube-altesrathaus.de
www.weinstube-altesrathaus.de

Öffnungszeiten
Mittwoch bis Sonntag ab 17 Uhr

Die Weinstube Altes Rathaus ist ihre zweite Heimat: Christine Günthner arbeitete 15 Jahre hier im Service. Seit März 2016 ist sie Pächterin und Wirtin. Im »kreativen Doppelpack« mit Alexandra Sterzl – ebenfalls eine langjährige Mitarbeiterin – kümmert sie sich um das Wohl ihrer Gäste.

»Wir haben Schmalzbrote gemacht und jedes Weinglas noch von Hand gespült«, blickt Christine Günthner auf die Anfänge zurück. Sie und Alexandra Sterzl waren schon Gäste, als es nur eine kleine Brotzeitkarte gab. Sie haben beide jahrelang auf Kellnertabletts köstliche Frankenweine durch die historische Gaststube balanciert. Schon immer sind sie bei der Arbeit auf einer Wellenlänge, können sich blind vertrauen: Wirtin Christine Günthner mit dem Ohr beim Gast und Alexandra Sterzl als Ideengeberin in der Küche. »Wir sind wie ein altes Ehepaar, außer dass wir nicht streiten. Wir diskutieren höchstens«, sagen sie mit einem herzhaft schallenden Lachen, in Anspielung auf Historie und Gegenwart des Gebäudes, das bis heute die Außenstelle des Standesamts von Oberhaid ist. Wo der Gast an stilechten Holztischen speist, können außerhalb der Öffnungszeiten der Gastronomie Bünde fürs Leben geschlossen werden. Wenn Christine Günthner begeistert von »ihrer« Weinstube erzählt, wird klar, dass ihr »Ja-Wort« zur Pachtübernahme eine »Liebeshochzeit« war. »Ich konnte mir nicht vorstellen, dass es jemand anderes Externes macht«, bekennt sie sich zu ihrer Verbundenheit mit dem 300 Jahre alten Gemäuer.

Schon immer hatten Frauen dort das Zepter in der Hand. Das 1991 frisch sanierte Fachwerkhaus mit den senfgelben Balken ist ein Schmuckkästchen des Ortes, an der Schnittstelle von Wein- und

Das Unterhaider Rathaus ist ein weitgehend im Originalzustand erhaltener fränkischer Fachwerkbau aus dem 17. Jahrhundert. Die farbige Fassung des Fachwerks von rot über schwarz bis ockergelb ist in Franken häufig zu sehen (oben).
Christine Günthner, seit 2016 neue Pächterin, sorgte auch schon früher in der Weinstube für behagliche Gastlichkeit (links).

Auf dem historischen Holzboden wurde schon mancher Bund fürs Leben geschlossen. Im ehemaligen Trauzimmer können sich Verliebte bis heute trauen lassen (oben). Das gemalte Wirtshausschild ist ein sogenannter Wirtshausausleger mit großer Symbolkraft, da viele früher nicht lesen konnten. Wirtshäuser nutzten beständige Bilder als Zeichen dafür, dass hier Gäste beherbergt werden konnten (rechts oben).

Bierfranken gelegen. Die Weinstube ist eine »Institution«. Nach Auslaufen des Pachtvertrags mit der Gastronomin Doris Pfeifer beschäftigte sich darum der Gemeinderat ausführlich mit der Zukunft der Weinstube und segnete mit einstimmigem Beschluss die Vergabe an die neue Pächterin im Dezember 2015 ab. Deren Herzlichkeit und engagiertem Wesen ist es zu verdanken, dass die Weinstube in dieser Form und Qualität bestehen blieb. Dazu gehört auch, dass es kein Bier vom Fass gibt. »Wir sind eine Weinstube«, lautet die klare Ansage.

Ebenso eindeutig ist die Sprache in der Küche. »Fränkisch-moderne Küche in historischem Ambiente« fassen die beiden Frauen ihren Küchenstil zusammen. Geschnitten, gehobelt und gekocht wird trotz moderner Geräte, wo es geht, von Hand. Sie schaffen auf Basis regionaler Zutaten »Überraschendes, das in andere Regionen führt«. Saisonales spielt mit hinein. Die Rezepte werden bunt durch Einflüsse aus der internationalen Küche, bleiben aber bodenständig im Fränkischen verwurzelt – indem etwa statt Reis aus Fernost Kartoffeln aus dem Ort auf dem Teller landen. Besonders gerne essen die Gäste Gerichte von der regelmäßig wechselnden Wochenkarte.

Die Gastronomie ist für beide Frauen eine »kreative Spielwiese«, auf der es nie langweilig wird. »Der Gast bekommt Gerichte, die auffallen, und bewährte Klassiker, die er neu erleben kann«, sagen sie. Auf ihre ideenreiche Küche wurde auch der Genussführer Slow Food Deutschland aufmerksam, in dem sie gelistet sind.

Alexandra Sterzl ist gelernte Konditorin, Christine Günthner war Fleischereifachverkäuferin. Inzwischen verbringen beide ihre

Zeit am liebsten zwischen Herd, gusseisernen Pfannen und Theke: »Wir sind berufene Gastgeberinnen, die mit Liebe und Herz kochen«, sagen sie und strahlen zufrieden über ihr neues »Zuhause«. Tatkräftig unterstützt werden sie von einem motivierten Team, dessen freundlicher Service das Alte Rathaus zu einem Wohnzimmer macht – das im Sommer in den lauschigen Garten verlegt wird, wo man unter schattenspendenden Weinreben bei einem Glas Wein beisammensitzt.

So wie Braut und Bräutigam nach der Eheschließung glücklich und in feierlicher Stimmung den Raum verlassen, so leuchten nach einem Festmahl die Augen der Gäste, die sich für die angenehme »Wohlfühlzeit« bedanken. Und die wird es mit dem »kreativen Doppelpack« auch weiterhin geben.

Das Klavier ist etwa 90 Jahre alt. Es wird zweimal im Jahr gestimmt und hat einen ganz weichen Klang. So mancher Gast setzt sich ans Klavier, spielt einige Stücke darauf und unterhält die anderen Gäste.

Ausflugstipps

Felsenkeller sind charakteristisch für Franken. An ortsnahen Hängen oder Hohlwegen dienten sie zur Lagerung von Bier. Die Kellergassenanlage in Unterhaid wurde von 2009 bis 2013 saniert und steht heute unter Denkmalschutz. Das Besondere daran ist, dass in ihr eine »über viele Jahre kaum veränderte Anlage mit Ausschankmöglichkeit und Kegelbahn« zu sehen ist.

Das neun Kilometer entfernte Bamberg lockt mit seiner schön erhaltenen Altstadt, die seit 1993 zum UNESCO-Weltkulturerbe gehört. Rund um Kultur, Museum, Kunst und Musik, Geschichte und Biertradition lassen sich mannigfaltige Entdeckungen machen.

Dreierlei Mousses auf Salat

Für 4 Portionen

Für die Basiscreme: 200 g Quark | 200 g Crème fraîche | 200 g Frischkäse | Salz und schwarzer Pfeffer, frisch gemahlen

Für die Tomatencreme: 60 g getrocknete Tomaten in Öl | ½ Knoblauchzehe | 1 EL Tomatenmark

Für die Forellenmousse: 1 Schalotte | etwas Öl | 100 g geräucherte Forellenfilets | 1 EL geriebener Meerrettich | 1 TL Zitronensaft, frisch gepresst

Für die Kürbiskerncreme: 50 g Kürbiskerne | 1 TL Meersalz | 1–2 EL Kürbiskernöl

Für das Salatbett: 1 Handvoll verschiedene Blattsalate nach Angebot | Kirschtomaten | Salatgurke | Obststücke nach Geschmack und Saison

Für das Dressing: 50 ml Olivenöl | 20 ml Balsamico | 2 TL Dijonsenf | 2 TL flüssiger Honig | Salz und schwarzer Pfeffer, frisch gemahlen

■ Für die Basiscreme alle Zutaten miteinander verrühren. Mit Salz und Pfeffer abschmecken und in drei Portionen aufteilen.

■ Für die Tomatencreme die getrockneten Tomaten etwas abtropfen lassen und grob zerkleinern. Den Knoblauch schälen

und mit Tomatenmark sowie getrockneten Tomaten zu einer glatten Masse pürieren. Mit einem Drittel der Basiscreme verrühren.

■ Für die Forellenmousse die Schalotte schälen, klein schneiden und in wenig Öl hell anschwitzen. Die Forellenfilets zerkleinern und mit Meerrettich, Zitronensaft und Schalotte sowie dem zweiten Drittel der Basiscreme vermischen.

■ Für die Kürbiskerncreme Kürbiskerne ohne Fett in einer Pfanne anrösten, bis sie zu duften beginnen. Danach sofort auf einem Teller abkühlen lassen. 1 EL für die Dekoration beiseite legen. Den Rest mit Meersalz in einem Mörser fein zermahlen. Mit Öl zum letzten Drittel der Basiscreme geben und gut vermischen.

■ Den Salat waschen und verlesen. Die Tomaten vierteln oder halbieren und den Strunk entfernen. Die Gurke eventuell schälen, längs halbieren und in dünne Scheiben schneiden. Das Obst waschen, nach Bedarf schälen und in mundgerechte Stücke schneiden.

■ Die Zutaten für das Dressing zusammenmixen und den Salat damit anmachen. Auf einem schönen Teller anrichten. Von den drei Mousses mit einem nassen Esslöffel Nocken abstechen und hübsch auf dem Salatbett anrichten. Die Kürbiskerncreme mit den Kürbiskernen bestreuen.

13

Die Reinwands Geli: aus vollem Herzen Wirtin

Angelika Mittag im Gasthof Reinwand in Seßlach

Adresse
Maximiliansplatz 99
96145 Seßlach
Telefon: +49 9569 304
E-Mail: gastwirtschaft@
landherberge-sesslach.de
www.gasthof-reinwand.de

Öffnungszeiten
Täglich 9–24 Uhr
Mittwoch Ruhetag

Angelika Mittag, die von allen nur »Geli« gerufen wird, hat die Regie im Service, ist mit einem Auge in der Küche, mit dem Kopf beim Anrichten, mit den Händen am Telefon – sie ist aus vollem Herzen Wirtin.

»Wir gehen zur Geli, nicht in die Gastwirtschaft Reinwand«, sagt man in Seßlach. Die »Reinwands Geli« ist an vielen Orten zugleich. Sie ist in der Küche zu sehen, wie sie den Hefeteig knetet oder das Küchenteam beim Anrichten unterstützt; man sieht sie mit beladenen Tabletts durch die Gaststube schweben, in der sie auch bei vollem Haus den Überblick bewahrt und dank ihres exzellenten Gedächtnisses Leute nach Jahrzehnten wiedererkennt; und sie kümmert sich um die fränkische Landherberge, die im fränkisch-italienischen Stil erbaut wurde und die sie 1996 übernommen hat.

Geli Reinwand hat gerne Leute um sich. Die Gastronomie ist ihr seit vielen Jahrzehnten eine Herzenssache: »Wenn man ihn nicht mit Liebe macht, hat der Beruf keinen Sinn«, sagt sie getreu dem Satz: Der Erfolg des Lebens besteht nicht darin, zu tun, was wir lieben, sondern zu lieben, was wir tun. Sie hat sich den richtigen Beruf auserkoren. Die Kochkünste hat sie sich bei der Mutter und Oma abgeschaut und das Bierzapfen und Wirt-Sein verdankt sie dem Vater. Sie scheint es in den Genen zu haben: das Wissen, worauf es ankommt und was die Gäste wünschen.

Der Urgroßvater von Angelika Mittag war der erste Bierbrauer im »Hohen Haus«, danach ging das Braurecht über auf den Großvater und den Vater. Das altehrwürdige Gebäude am Marktplatz, ein gotischer Fachwerkbau, der um 1350 entstanden sein dürfte, diente einst Dieben und Übeltätern als zeitlich befristetes »Ver-

Auf dem Wirtshausschild mitten in der historischen Altstadt ist »anno 1640« vermerkt, das Gebäude ist noch älter.

Die Wirtsstube stets im Blick: Geli hat ihre Augen und Hände überall.

steck« vor der Gerichtsbarkeit. Im 18. Jahrhundert übernahm mit Johann Peter Gordan ein Vorfahre italienischer Abstammung das Haus. Wenige Schritte entfernt steht das Kommunbrauhaus, in dem bis heute das Bier für das Reinwand gebraut wird, das der Vater von Geli noch mit »Butten auf dem Rücken« dort abgeholt hat. Inzwischen fährt der Tankwagen vor, ein Bulldog mit Anhänger, und lässt das Bier in die unterirdischen Tanks laufen.

Angelika Mittag half schon als Teenager ihrer Mutter, die aus der einstigen Bierwirtschaft mehr und mehr eine Speisegaststätte werden ließ. Heutzutage kocht Gelis Sohn Peter, dem die Oma zu Lebzeiten viele Tipps mitgeben konnte. Er hat die Welt gesehen und sich als gelernter Koch in Sankt Moritz, Moskau und Sylt die Tricks und Kniffe der Profis abgeschaut. Doch auch er kommt nicht umhin, immer wieder auf Omas reichhaltigen Wissensfundus zurückzugreifen, der mit dem Haus verbunden ist wie die Möbel, die Holzdecke und mancher Stammgast: »Peter, so wie's die Oma ge-

macht hat, war's am besten«, bekam er als junger Geselle zu hören. »Die Oma stand immer an ihren Schüsseln und Pfannen«, erinnert sich Geli, die bis heute Hefekrapfen in der Faschingszeit und bei der »Kerwa« (Kirchweih) nach ihrem Rezept backt. »Es hat sich eingebürgert, dass man hier eine fertigproduktfreie Zone betritt.«

Karin, die Schwester von Geli und »Salatmamsell« des Betriebs, hat das Kochen ebenfalls bei Muttern gelernt. Auch auf Tochter Franziska hat es abgefärbt: Sie versteht sich aufs Tortenbacken und übernimmt sonn- und feiertags oder an Wallfahrten die süße Abteilung. Nur Gelis zweiter Sohn Martin tanzt aus der Reihe: Er ist Bürgermeister in Seßlach. Was für Geli und ihr Team bedeutet: »Wenn er etwas braucht, mach' ich's möglich.« Kaffee für eine Delegation, Brotzeit für 50 Feuerwehrleute, Empfänge für die städtische Verwaltung – Geli macht. Zum Kochen gehört selbstverständlich auch viel Ausdauer. Drei oder vier Stunden Schlaf sind bei ihr keine Seltenheit. Ab und zu kommt ihr Sohn vorbei, sagt: »Mama, komm', wir gehen an deinem freien Abend mal was trinken.« Meistens lautet Gelis Antwort: »Oh sorry, aber ich muss heute Abend …« Ja, immer muss die Geli was. Das Besondere: Sie will es auch so – und gar nie anders.

Ausflugstipps

Ein rund sechs Kilometer langer Spaziergang führt in die Muggenbacher Tongruben bei Gemünda. Dort besteht Einkehrmöglichkeit in der Mohnbiene Gemünda im Weibercafé von Gudrun Jöchner. Auch die Schäferstuben in Ahorn (ca. 10 Kilometer entfernt) mit Heidi Roth (www.geraetemuseum-ahorn.de/index.php/schaferstuben/) und das Schloss Gereuth (15 Kilometer entfernt) mit einem traumhaft schönen Biergarten liegen in der Nähe.

Seßlach liegt inmitten des Burgenwinkels (www.deutscherburgenwinkel.de) und bietet Ausflugsmöglichkeiten an viele Orte mit weit zurückreichender Geschichte: Etwa 14 Kilometer entfernt liegt Burg Altenstein (www.burg-altenstein.de) an der Burgenstraße, 20 Kilometer sind es zur Burg Lichtenstein in Pfarrweisach. Informationen über das Burgen-Info-Zentrum in Altenstein.

Der Gasthof Reinwand steht direkt am Maximiliansplatz, im Zentrum der mittelalterlichen Altstadt. Einst diente der gotische Fachwerkbau, der wegen seiner hohen Giebel in alten Urkunden das »Hohe Haus« genannt wurde, allerlei Halunken und Übeltätern als Rückzugsort (ganz oben). Das Seßlacher Bier für die »Seidla« im Gasthof Reinwand wird bis heute im inzwischen renovierten Kommunbrauhaus gleich um die Ecke gebraut, in dem seit 1335 das Braurecht besteht (oben).

Wildschweinbraten

Für 4 Portionen

1,5 kg Wildschweinschulter, ausgelöst | Salz | schwarzer Pfeffer aus
der Mühle | 3 EL Rapsöl | 400 g Wurzelgemüse aus Karotten, Knollen-
sellerie, Zwiebeln und Lauch, geputzt bzw. geschält und gewaschen |
50 g Tomatenmark | 500 ml Rotwein | 6 Wacholderbeeren | 4 Nelken |
1 gestr. TL schwarze Pfefferkörner | 3 Lorbeerblätter | 800 ml – 1 l Fleisch-
brühe | 1 EL Preiselbeeren (alternativ 1 EL Honig) | 50 g Speisestärke

■ Das Fleisch mit Salz und Pfeffer würzen. Das Öl in einem
Bräter erhitzen und das Fleisch rundum scharf anbraten, so dass
es Farbe annimmt. Das Fleisch herausnehmen und das Wurzelgemüse anrösten. Das Tomatenmark hinzufügen und mitbraten.
■ Mit dem Rotwein ablöschen, die Gewürze hinzufügen und
aufkochen lassen. Die Hitze reduzieren, die Wildschweinschulter
wieder einlegen, die Fleischbrühe nach und nach angießen und das
Fleisch bei niedriger bis mittlerer Hitze etwa 30 Minuten garen.
■ Währenddessen den Backofen auf 180 °C vorheizen.
■ Nun den Bräter in den heißen Ofen stellen und das Fleisch
etwa zwei Stunden garen. Sobald das Fleisch weich ist, herausnehmen. Das Fleisch auf einem Backblech im ausgeschalteten
Ofen 10–15 Minuten ruhen lassen.
■ Die Sauce durch ein Sieb passieren und mit den Preiselbeeren
oder dem Honig verfeinern. Die Speisestärke mit etwas Wasser
anrühren und die Sauce damit binden.

Geli Mittag serviert zum Wildschweinbraten Serviettenklöße, Wirsing-
gemüse und eine Extraportion Zwetschgenröster. Wem das Gericht mit
diesen Beilagen gefällt, findet auf Seite 55 f. ein Rezept für den Wirsing.

Gelis Zwetschgenröster

Für 4 Portionen

500 g Zucker | 1 l Rotwein | 500 ml Orangensaft | 1 Vanillestange |
1 Zimtstange | 1 Orange, geschält, die Filets ausgelöst und in kleine
Stücke geschnitten | 2 EL Speisestärke | 400 g Zwetschgen, entkernt

■ Den Zucker in einen Topf geben und karamellisieren lassen.
Den Rotwein und den Orangensaft hinzufügen.
■ Vanille- sowie Zimtstange und die Orangenstücke dazugeben,
aufkochen und ziehen lassen.
■ Die Stärke mit etwas Wasser anrühren und die Flüssigkeit damit
binden. Die Zwetschgen hinzufügen und über Nacht ziehen lassen.

Serviettenklöße

Für 4 Portionen

300 g Kastenweißbrot | 200 ml Milch | 1 Zwiebel | 25 g Bauchspeck |
2–3 Eier | 20 g Butter | 2 EL Petersilie, fein gehackt | Salz |
schwarzer Pfeffer aus der Mühle | Muskatnuss, frisch gerieben

■ Das Kastenweißbrot in 2 cm große Würfel schneiden. Die
Milch aufkochen, über die Brotwürfel geben, abdecken und
ziehen lassen.
■ In der Zwischenzeit die Zwiebel schälen und fein hacken.
Den Bauchspeck in kleine Würfel schneiden und in einer Pfanne
auslassen. Die Zwiebeln dazugeben und glasig anschwitzen.
■ Die Eier verquirlen und zusammen mit etwas Butter, Speck-
zwiebeln und Petersilie zum Brot geben. Mit Salz, Pfeffer und
Muskat würzen und sorgfältig miteinander vermengen.
■ Hitzebeständige Klarsichtfolie zurechtlegen, den Knödelteig
als Rolle auf die Mitte geben und die Folie zusammenschlagen.
Die Enden fest eindrehen und alles in Alufolie wickeln. Die Rolle
in einen Topf mit siedendem Wasser geben und etwa 40 Minuten
garen. Herausnehmen, auspacken, den Knödel in Scheiben
schneiden.
■ Die restliche Butter in einer Pfanne zerlassen und die Knödel-
scheiben von beiden Seiten goldbraun anbraten.

14

Klösterlich-köstlich

Eine Franziskusschwester als Managerin.
Schwester Michaela im Gasthof Goldener Hirsch
in Vierzehnheiligen

Anschrift

Schwester Michaela 49
Vierzehnheiligen 7
96231 Bad Staffelstein
Telefon: +49 9571 9268
E-Mail: info@14hlg.de
www.bildungshaeuser-
vierzehnheiligen.de

Öffnungszeiten:

Goldener Hirsch täglich
10–18 Uhr

Kirche und Gastfreundschaft – das sind Begriffe, die zueinander gehören. In der Gaststätte Goldener Hirsch und in den
Bildungshäusern Vierzehnheiligen der Erzdiözese Bamberg
kümmert sich Schwester Michaela darum, dass diese Tradition
am Gnadenort Vierzehnheiligen gewahrt wird und weiterlebt.

Vierzehnheiligen ist ein geistiges Zentrum: Pilger und Wallfahrer
erleben Spiritualität und nehmen auf ihrem Pilgerweg – auch
der Jakobsweg führt hier vorbei – seelische Nahrung auf. Sie werden von Patres und Brüdern der Franziskaner betreut: »von Gott
Beschenkte, die Freude an Menschen weitergeben wollen.« Auch
Kunstinteressierte, Wanderer und Radfahrer, die den Ausblick genießen und die Wallfahrtsbasilika besuchen möchten, zieht es in
Scharen hinauf: Die »Mühen der Ebenen«, den Alltag und unge-
löste Aufgaben hinter sich lassend bezwingen sie den steilen Berg
und machen Rast im Goldenen Hirsch. Ihre Betreuung liegt in den
Händen von Schwester Michaela, einer Frau, deren Blick aus wachen Augen den Gast sofort für sie einnimmt und schon bei der
ersten Begegnung eine positive menschliche Verbindung schafft.

    Seit 20 Jahren managt sie als Küchenchefin zwei Bereiche:
Neben dem kulinarischen Angebot in der Traditionsgaststätte hat
sie die logistische Obhut über die Großküche und damit über alle
Köche der Bildungshäuser. »Erfahrung ist das Wichtigste in der
Gastronomie«, sagt sie. »Jeder weiß, wo er gebraucht wird, dann
klappt alles wie am Schnürchen.« Für große Gruppen und Hoch-
zeitsgesellschaften werden Büfetts organisiert. Schwester Michaela
achtet ihre Gäste, prägt sich Gesichter ein und schafft es, viele beim
nächsten Besuch wiederzuerkennen und die meisten mit Namen
zu begrüßen, wie sie erzählt. Weithin bekannt ist die Schwester
für ihre Backkünste: Kuchen und Torten, darunter ihr legendärer

Die Geschichte der Gaststätte
»Goldener Hirsch« am Gnadenort
Vierzehnheiligen lässt sich bis
1458 zurückverfolgen. Das Wap-
pentier »Goldener Hirsch« findet
sich im Wirtshausschild wieder.

Mohnstreuselkuchen und die Schwarzwälder Kirsch-torte, sind das Leib- und Magenthema der gelernten Hauswirtschaftsmeisterin, die in Hundsdorf in einem Gastronomiebetrieb aufgewachsen ist.

1977 trat sie in die Kongregation der St. Franzis-kusschwestern ein. »Der Berufswunsch war für mich immer klar«, sagt sie. Während der Kirchweih hilft sie bei der Familie im Betrieb aus – das ist Ehren-sache. Dass sie die köstlichsten Weihnachtsplätz-chen weit und breit backt, hat sich in der ganzen Region herumgesprochen und sorgt im Dezember für zusätzliche »Pilgerströme« hinauf auf den Berg. »Eine Frau kommt aus den Haßbergen und kauft im-mer für den ganzen Ort und die Nachbargemeinden ein«, erzählt sie lachend und mit einem verlegen wirkenden Achselzucken, als wäre ihr der Rummel um die Weihnachtsbäckerei manchmal selbst nicht ganz geheuer. »Ich mach' eigentlich nichts Besonde-res«, sagt sie in ihrer bescheidenen Art, gemäß dem Vorbild des Franz von Assisi. Sie ist die geborene Gastgeberin, die sich dezent im Hintergrund hält. Ihre Plätzchen backt sie nach alten Rezepten, die sie in ihrer Ordensjugendzeit kennengelernt hat.

Aus Tradition hat jede Wallfahrtskirche eine ei-gene Herberge oder Wirtschaft. So auch in Vierzehn-heiligen. Die Erzdiözese Bamberg bietet mit den Bil-dungs- und Gästehäusern ein stilvolles Ambiente für die stille Einkehr – und hat mit Schwester Michaela die ideale Besetzung gefunden für den ganz irdi-schen, fränkisch-kulinarischen Teil dieser Einkehr.

Ausflugtipps

Die altehrwürdigen Mauern der im 18. Jahrhundert erbauten Wallfahrtskirche Vierzehnheiligen machen den Ort zum Anziehungspunkt. Auch im Franken-lied wird der Teil des Gottesgartens im Obermain-land besungen. In der Chronik ist zu lesen, dass es die Gaststätte, die einen goldenen Hirschen im Na-men und im Aushängeschild führt, schon im Jahr 1458 gab.

In der Brauerei um die Ecke der Basilika wird von Familie Trunk das Nothelfer-Bier gebraut. Der Staffelberg, auf dem im Mittelalter ein Kirchlein zu Ehren der Heiligen Adelgundis errichtet wurde, bietet ein ein schönes Rundumerlebnis zu jeder Jahreszeit, das die Kelten schon kannten. Im Sommer sitzt man draußen an langen Bierbänken und genießt den zauberhaften Blick. Der Aufstieg ist nur zu Fuß möglich. Es gibt eine leichtere und eine sportlichere Variante. Es lohnt sich – auch wegen der netten Kneipe dort oben.

In Bad Staffelstein-Uetzing gibt es das sogenannte Uetzinger Metzgerbräu: Zum einen ist es eine freundliche Mini-Brauerei mit gutem Bier. Den Halbekrug bekommt man über den Tresen gereicht. Zum anderen ist dort ein Tante-Emma-Laden, wie man ihn von früher kennt. Die Wurst- und Schinkenspezialitäten sind sehr zu empfehlen.

Schwester Michaelas Weihnachtsplätzchen sind im ganzen Umland bekannt (linke Seite oben).
Der »fränkische Gottesgarten« ist ein Wallfahrtsort für die innere Einkehr, zum Rasten, Erholen und Auftanken – und essen kann man dort oben auch hervorragend und in stilvollem rustikalem Ambiente (linke Seite unten).
Schon im Frankenlied sind die zwei Türme der Basilika von Vierzehnheiligen verewigt: »Wallfahrer ziehen durch das Tal mit fliegenden Standarten. Hell grüßt ihr doppelter Choral den weiten Gottesgarten« (oben).

Dukatenplätzchen

Ergibt 60 Plätzchen

250 g Mehl | 3 g Backpulver | 75 g Zucker | 1 Pckch Vanillezucker | 1 Ei |
1 EL Milch | 125 g Butter
Außerdem: Nutella | Schokoglasur

- Aus den genannten Zutaten einen Mürbeteig herstellen, zu einer Kugel formen, in Klarsichtfolie wickeln und 1 Stunde kalt stellen. Den Backofen auf 160 °C vorheizen.
- Den Teig ausrollen und Taler von 4 cm ⌀ ausstechen. Jeweils zwei davon mit Nutella zusammenkleben.
- Die Teigplätzchen auf ein mit Backpapier ausgelegtes Blech legen und im heißen Ofen 10 Minuten goldgelb backen. Anschließend jeweils die Hälfte eines Plätzchens in Schokoglasur tauchen.

Vanillehörnchen

Ergibt 60 Stück

300 g Mehl | 200 g Butter | 100 g gemahlene Haselnüsse |
70 g Zucker
Außerdem: feinster Backzucker mit Vanillearoma

- Die genannten Zutaten in eine Schüssel geben und zu einem Teig kneten. Den Backofen auf 170 °C vorheizen.
- Den Teig in kleinere Portionen teilen. Aus der ersten Portion kleine Hörnchen formen. Während dieser Zeit die übrigen Portionen kalt stellen. Die Hörnchen nacheinander ca. 10–12 Minuten goldgelb backen und mit dem Zucker bestreuen.

Walnussherzen

Ergibt 60 Stück

300 g Mehl | 200 g Butter | 125 g Puderzucker | 1 Pckch Vanillezucker |
1 Eigelb | 60 g gemahlene Walnüsse

Außerdem: 300 g Marzipanrohmasse | Johannisbeergelee | Schoko-
glasur | Walnusshälften

■ Aus den genannten Zutaten einen Mürbeteig herstellen, zu
einer Kugel formen, in Klarsichtfolie wickeln und 1 Stunde kalt
stellen.

■ Den Backofen auf 170 °C vorheizen.

■ Den Teig ausrollen und Herzen ausstechen. Im heißen Ofen
15–20 Minuten backen.

■ Nun die Marzipanrohmasse ausrollen und Herzen in derselben
Größe wie den Mürbeteig ausstechen. Je ein Marzipanherz mit
dem Walnussteigherz mit Johannisbeergelee zusammenkleben,
mit Schokoladenglasur überziehen und mit jeweils einer halben
Walnusshälfte dekorieren.

15

In Harmonie mit Schiefertrüffeln

Susanne Däumer-Lentz und Iris Steiner im Restaurant Harmonie in Lichtenberg

Adresse
Schloßberg 2
95192 Lichtenberg
Telefon: +49 9288 246
E-Mail: info@harmonie-lichtenberg.de
www.harmonie-lichtenberg.de

Öffnungszeiten
Donnerstag, Freitag, Samstag und Sonntag 11.30–14 Uhr, abends ab 17.30 Uhr
Montag und Dienstag Ruhetag, mittwochs ab 17.30 Uhr geöffnet

Hier passt das Wort »Harmonie«: Im gleichnamigen Restaurant von Susanne Däumer-Lentz und Iris Steiner ist alles auf den Punkt auf harmonische Stunden eingestellt. Das sieht, spürt und schmeckt man.

Weiß gedeckte Tische vor dunklem Holz: Der Hell-Dunkel-Kontrast wirkt mit stiller Eleganz in den hohen Raum hinein. Bis unter die holzvertäfelte Decke dringt der Schein der Kerzen, die in silbernen Ständern auf allen Tischen stehen. Auf den Bänken wird der Rücken von weichen Kissen aufgefangen. Das Gebäude wurde 1823 von der Harmoniegesellschaft gebaut, einer reinen Männergesellschaft. Heute harmonisieren hier zwei Schwestern: Iris Steiner kocht und entwirft abwechslunsreiche Menüfolgen, Susanne Däumer-Lentz dekoriert und prägt den Service.

Smartphones oder Tablets sieht man hier selten. Gäste, die zum Essen herkommen, lassen sich auf das kulinarische Naherlebnis auf den Tellern ein – und lassen die verfügbare Weite des Netzes dezent in der Tasche. Ein Smartphone würde die Harmonie stören. Stattdessen liegt auf dem Tisch eine beschriftete Schiefertafel, die in etwa so groß ist wie ein Tablet. Der Gast liest von ihr Tagestipps oder Weinempfehlungen ab – allerdings handgeschriebene. Das Relikt aus einer alten Zeit, als noch mit Griffeln »gekritzelt« wurde, bildet einen wohltuenden Kontrast zu den glatten Displayoberflächen, auf denen huschig »gewischt« und getippt wird.

Salz- und Pfefferstreuer, hell und dunkel, stehen ebenfalls auf Schieferpatten bereit: schlichtes Design, edel in Szene gesetzt von Susanne Däumer-Lentz, Restaurantfachfrau und von allen die »Deko-Fee« genannt. Schiefer prägt den Raum, die Gegend, auch die Küche. Dem Sedimentgestein ist die fränkische Schiefertrüffel

Der Ofen ist etwa 100 Jahre alt. Gekauft haben ihn die Eltern der heutigen Besitzerinnen bei einer Frau aus Lichtenberg.
Im Gleichklang: Iris Steiner links und Susanne Däumer-Lentz daneben (linke Seite).

Die Wände und Decken im Restaurant Harmonie sind aus Fichtenholz. Zur ersten Versiegelung wurden die Bretter gebeizt. Heute werden sie mit Teaköl behandelt.

zu verdanken, ein Trüffelpilz der Gattung Pisolithus, der in einigen Regionen des Frankenwaldes vorkommt. In der Pfanne scharf angebraten, ist er dem Aroma des Steinpilzes ähnlich – »nur viel intensiver«, konkretisiert die Küchenchefin das Geschmackserlebnis. Die »Praktikerin durch und durch«, die schon mit zwölf Jahren Hühner zerlegt hat, bereitet aus dem seltenen Pilz ihre weithin bekannte Schiefertrüffelsuppe zu.

Iris Steiner experimentiert gern (»ich bin kein Rezeptkoch«) und weiß zugleich, dass neben der Kreativität das handwerkliche Können stehen muss (»so wie man's als Koch lernt«). So klassisch die von Hand geschriebenen Empfehlungen auf den Schiefertafeln sind, so traditionell ist die Handschrift in der Küche, die eine Harmonie zwischen der Zubereitung und den Lebensmitteln auf die Teller bringt. Die Ente wird im Bräter gegart, das Fleisch wird mit Fond übergossen, gedreht und gewendet, und der Bauch wird mit Gewürzen gefüllt. Ihren Rehbraten mariniert die Harmonieköchin traditionell in Lorbeer, Buttermilch, Wein und Wacholder.

Beide Schwestern sind eingebunden in den Kreislauf der Natur: Die »Deko-Fee« bestückt den Tischschmuck mit Früchten der Jahreszeit, die »Küchen-Fee« stimmt die Gemüsesorten auf die Saison ab. Eine Ausnahme ist die Schiefertrüffelsuppe, die ganzjährig Gäste von weit her anlockt. »Immer mehr Gäste gehen in die Slow-Food-Richtung, interessieren sich für die Anbauweise der Produkte, möchten regional einkaufen, Dinge mit Wert und sicherer Herkunft auf dem Teller haben«, so Iris Steiner, die aus dem regionalen Garten Eden schöpft, wo immer es geht. Ein Hobbygärtner beliefert sie mit Gemüse, drei Kilometer entfernt kann er die Kürbisse und Kohlrabi notfalls fast »herüberrollen«, so nah ist er. Die Ziege, deren Fleisch eine Spezialität in der Harmonie ist, haben die Schwestern meistens ein paar Tage vor dem Verzehr persönlich besucht. Das Mineralwasser beziehen sie aus der nahen Ortschaft Hölle. Wenn auf dem Großmarkt Bamberger Hörnle angeboten werden, wird diese einheimische Kartoffelsorte gekocht. Auf der Weinkarte finden sich ausschließlich Tropfen aus fränkischen Kellern.

»Alles schafft man nicht, manches muss man zukaufen«, räumt Iris Steiner realistisch ein. Einzig bei der Schiefertrüffel müssen sie keine Kompromisse machen: »Sie kann nur von hier stammen, denn es gibt sie nur hier.« Viele kleine Schritte – und manch kleine Kritzelei – führen in der Summe zur Harmonie.

Ausflugstipps

Lichtenberg liegt im nördlichen Oberfranken an der Grenze zu Thüringen. In der Nähe befinden sich Bad Steben, Bad Lobenstein, Naila, Hof und Plauen (A9, Ausfahrt Berg). Die Geschichte des Städtchens geht ins Jahr 814 zurück. Laut Urkunde Friedrichs II. von Orlamünde vom 6. Februar 1337 ist Lichtenberg die älteste Stadt im Landkreis Hof. In Lichtenberg sollte man sich einen Besuch der alten Burgruine nicht entgehen lassen, die einmal im Jahr beim großen Burgfest zum Mittelpunkt der Region wird. Jedes Jahr im September präsentiert sich Lichtenberg in mittelalterlicher Kulisse: Speisen, Musik und die Kostümierung mancher Besucher sind ein Fest für die Sinne. Das Burgfest hat keine kommerziellen Absichten, es dient dem Erhalt der Burgruine.

Ein schönes Ziel für Naturfreunde und Wanderer ist das Höllental. Historisch spannend und zudem botanisch faszinierend ist das »Grüne Band«: Der ehemalige Grenzstreifen verspricht unberührte Natur. Relaxen kann man im Mineralwasser der drei verschiedenen Heilquellen in den berühmten Thermen von Bad Steben.

Schiefer prägt die Umgebung, und auch im Restaurant findet dieser charaktervolle Naturstein Verwendung (ganz oben).
Ein weiteres prägendes Stilelement in der Harmonie ist dunkles Holz an Wänden und Decken und im Thekenbereich (oben).

Fränkische Schiefertrüffelsuppe

Für 4 Portionen
150 g Schiefertrüffeln | 2 Schalotten | 50 g Butter | 1 ½ EL Mehl |
500 ml Rinderbrühe | 500 ml Sahne | 200 ml roter Portwein |
200 ml Rotwein | Salz | schwarzer Pfeffer aus der Mühle

■ Die Schiefertrüffeln klein hacken. Die Schalotten schälen und fein hacken. Die Butter in einem Topf zerlassen und die Schalotten und die Trüffelmasse anschwitzen. Mit Mehl bestäuben und dieses kurz anbräunen. Rinderbrühe, Sahne, Portwein und Rotwein angießen. Mit Salz und Pfeffer würzen.
■ Die Suppe zum Kochen bringen und 30 Minuten ziehen lassen.

Wem die Dekoration auf dem Foto gefällt, der kann die Suppe mit einem Klecks geschlagener Sahne und einer dünnen Scheibe rohem Schiefertrüffel garnieren.

Kalbsleber in Schiefertrüffel-Rotwein-Sauce mit Kürbis-Kartoffel-Rösti

Für 4 Portionen

Für die Kalbsleber: 1 EL Zucker | 200 ml Rotwein | 100 ml Rinderbrühe | 200 ml Schiefertrüffelsuppe | Salz | schwarzer Pfeffer aus der Mühle | 700 g Kalbsleber in Scheiben | 1 EL Butterschmalz

Für die Kürbis-Kartoffel-Rösti: 400 g mehligkochende Kartoffeln, geschält | 200 g Hokkaidokürbis, geputzt | 1 EL Kartoffelstärke | Salz | schwarzer Pfeffer aus der Mühle | 1 EL Butterschmalz

■ Für die Leber den Zucker in einem Topf goldbraun karamellisieren. Mit Rotwein und Brühe ablöschen. Bei leichter Hitze etwa 30 Minuten reduzieren.

■ Die Schiefertrüffelsuppe angießen und weitere 10 Minuten köcheln lassen. Mit Salz und Pfeffer würzen.

■ Inzwischen für die Rösti die Kartoffeln und den Kürbis auf einer Reibe raspeln.

■ Die Masse mit Stärke, Salz und Pfeffer vermengen, etwas ausdrücken. Das Butterschmalz in einer Pfanne zerlassen und aus der Masse Rösti backen.

■ Zuletzt die Leber mit Salz und Pfeffer würzen. Das Butterschmalz in einer Pfanne zerlassen und die Leber von beiden Seiten scharf anbraten. Mit der Schiefertrüffel-Rotwein-Sauce aufgießen und etwa 2 Minuten köcheln lassen.

■ Die Leberscheiben mit der Sauce nappieren und mit dem Rösti auf dem Teller anrichten.

Eine gute Ergänzung ist knackig gegartes Gemüse.

16

Das Restaurant am See

Kerstin und Susanne Mitschke in der Gaststätte Auenseehaus in Joditz

Adresse
Am Auensee 2
95189 Köditz
Telefon: +49 9295 915898
E-Mail:
auenseehaus-mitschke@web.de
www.auenseehaus.de

Öffnungszeiten
Täglich ab 10 Uhr geöffnet,
bis 20 Uhr durchgehend warme
Küche
Donnerstag Ruhetag

Das Restaurant der Mitschkes versteckt sich im ruhigen Auenthal, am Ufer des Auensees. Bei einem Bier auf der Terrasse kann es passieren, dass plötzlich jemand ruft: »One more Bavarian beer, please.« Denn auch wenn es zunächst nicht so aussieht: Im Auenseehaus tummelt sich ein internationales Publikum.

Köditz ist eine 2500-Seelen-Gemeinde im bayerischen Vogtland. Ein Geheimtipp, noch, obgleich nicht überall ein weißer Fleck auf der Landkarte. Denn ganzjährig kurven Fahrzeuge mit internationalen Kennzeichen durch den Ort. Insbesondere Campingwagen und Wohnmobile sind zu sehen, die den naturnahen, ruhigen Campingplatz ansteuern, inmitten einer grünen Landschaft, in der einst der Dichter Jean Paul aufgewachsen ist.

Dass hier Campinggäste aus vielen Ländern Europas und Übersee ihre Zelte aufschlagen, merken auch Kerstin und Susanne Mitschke, die in unmittelbarer Nähe ein außergewöhnliches Restaurant besitzen, das Auenseehaus, in dem Schweden gerne Schnitzel essen und in dem Franzosen wie Engländer begeistert Rotkraut mit Knödeln ordern. Auf der englischen und schwedischen Speisekarte liest der Gast »Breaded pork served with french fries and small salad« oder »Flaeskkoett (Wiener Schnitzel) med Pommes Frites, och Liten Salad«.

Die Nähe zur »weiten« Welt öffnet den Wirtinnen einen neuen Blick auf sich: »Im Umgang mit Menschen aus anderen Ländern merkt man erst, wie man selbst ist«, stellt Kerstin Mitschke immer wieder fest. Und: »Wir haben unser Englisch sehr verbessert«, sagen sie. »Ich kann es hier häufiger einsetzen als bei der Arbeit im Hotel«, meint Susanne Mitschke.

Der Dichter Jean Paul wuchs in Joditz mit dem idyllischen Auensee auf. Sein Vater war ab 1765 Pastor des Ortes an der Saale. Perfekte Wirtinnen: Susanne links und Kerstin Mitschke daneben (linke Seite).

Hinter dem Auenseehaus liegt ein Campingplatz; viel internationales Publikum tummelt sich in der Gaststube (ganz oben). Die Speisekarten sind darum dreisprachig. Bei einer Runde um den Auensee kommt man auch an der Lukat-Brücke vorbei, die über die sächsische Saale führt (oben).

Kerstin Mitschke wollte als Kind einen »eigenen Imbiss« eröffnen, ging ihrem Gastronomiewunsch nach und sammelte als Köchin 25 Jahre Berufserfahrung. Susanne Mitschke hat Hotelfachfrau im Frankenwald gelernt und 20 Jahre in dem Beruf gearbeitet. Susanne hat den Bruder von Kerstin geheiratet, so fanden die beiden Frauen zusammen, die seitdem denselben Nachnamen tragen. »Oft werden wir gefragt, ob wir Schwestern sind«, erzählt Kerstin Mitschke, die aus einer Handwerkerfamilie stammt und eigentlich Näherin werden wollte. Statt eine Schneiderlehre zu machen, entschied sie sich für die Gastronomie. »Das war der Volltreffer, ich koche gern, aus Leidenschaft.« Beide waren nicht von Haus aus Chef: »Dafür braucht's viel Erfahrung.« Kerstin sagt über Susanne: »Sie macht ihr Sach' hundertprozentig. Da macht ihr keiner etwas vor.« Susanne sagt über Kerstin: »Sie ist konsequent.«

Der Zufall und ein Ausflug von Kerstin mit ihrem Neffen ans Auenseeufer führte sie nach Joditz. Als sie mit ihrer Schwägerin zum ersten Mal vor dem Wirtshaus am See standen, dachten beide dasselbe: Das ist die Gelegenheit! 2008, nachdem es fünf Jahre lang in Erbpacht der Gemeinde gehörte, haben die Mitschkes das Haus gepachtet und sorgen seitdem für gute Küche am Seeufer. An Sonn- und Feiertagen duftet es nach Braten und auf der Extra-Bratenkarte finden sich hausgemachte Spezialitäten. Alle Kuchen und Torten backen Mitschkes selbst.

Die Mitschke-Schwägerinnen haben die Gaststube in einem Zustand angetroffen, den sie schnell ändern wollten, und haben das Haus komplett auf den Kopf gestellt. Die Wirtsstube erstreckt sich über eine ebene Fläche, hat hohe helle Räume, eine massive Theke und schlichte schöne Tische. Im Winter sorgt ein kompakter Holzofen für wohlige Wärme. »Wir sind die ersten, die ganzjährig geöffnet haben«, sagen sie.

Ihre gleichbleibende Qualität ist zum Markenzeichen der Region geworden. Viele Camper richten ihre An- und Abreise nach den Öffnungszeiten aus. Kerstin Mitschke erklärt das so: »Weil donnerstags Ruhetag ist, kommen sie entweder einen Tag früher oder später – um keinen Abend zu verpassen.«

Ausflugstipp

In Joditz ist ein Museum dem Dichter Jean Paul gewidmet – ein Kleinod, von Eberhard Schmidt aus Eigeninitiative und mit eigenen Mitteln aufgebaut und geführt. Der 1763 in Wunsiedel geborene Literat nannte Joditz seinen »geistigen Geburtsort«.

Übernachtungstipp für alle, die nicht auf dem Campingplatz beim Auensee campen wollen: Der Gasthof Krauss gegenüber dem Museum bietet gute Gästezimmer, hat wunderbares Bier, das »Gottsmannsgrüner«, und serviert feinen Meerrettich zur Bratenplatte, »selbstgerieben und göttlich«, sagen Kenner.

Tafelspitz mit Meerrettichsauce

Für 6 Portionen
Für den Tafelspitz: 500 g Wurzelgemüse aus Karotte, Lauch, Knollensellerie, geputzt, ggf. geschält und gewaschen, in Stücke geschnitten | Gewürzsäckchen aus 1 EL weißen Pfefferkörnern, ½ EL Pimentkörnern und 3 Lorbeerblättern | 1 Kräutersträußchen aus Petersilie und Thymian | Salz | 2 kg Tafelspitz
Für die Meerrettichsauce: 1 l Tafelspitzbrühe | 200 ml Sahne | 200 g scharfer Meerrettich (Glas) | ½ Weißbrot (500 g, ohne Rinde), in kleine Würfel geschnitten | Salz | weißer Pfeffer aus der Mühle | 1 Prise Zucker | 2–3 EL Apfelmus

■ Wasser in einen großen Topf füllen, Gemüse, Gewürze und Kräuter hinzufügen und zum Kochen bringen. Salz hinzufügen. Den Tafelspitz einlegen, die Temperatur reduzieren und das Fleisch 1½–2 Stunden gar ziehen lassen. Anschließend mit einem Schaumlöffel herausnehmen und warm halten. Zum Servieren in Scheiben schneiden.

■ Für die Sauce die Brühe entfetten und mit den genannten Zutaten verrühren. Zum Schluss das Apfelmus einrühren.

Dazu servieren die Mitschkes Grüne Klöße (Rezept Seite 56).

17

Bunte Hunde und ein Papagei hinter Schlossmauern

Bärbel Gebhardt im Hotel und Restaurant Schloss Gattendorf in Gattendorf

Adresse

Schlossplatz 6

95185 Gattendorf

Telefon: +49 9281 41254

E-Mail:

gebhardt-gattendorf@t-online.de

www.schloss-gattendorf.de

Öffnungszeiten

Montag bis Donnerstag ab

17 Uhr, am Wochenende auf

Vorbestellung

Während der Adventswochen ist

sonntags ab 13.30 Uhr Café-

betrieb.

Vier Gebhardt-Frauen und ein Papagei sind unter einem Schlossdach vereint: Bärbel Gebhardt, Mutter Helga, Schwester Antje und Nichte Ida bewohnen und bewirten das Schlosshotel mit Gaststätte. Nebenher kümmern sie sich um Steine, Zement und ihr kleines Tiergehege.

»Seit wir im Schloss leben, sind wir in der Gegend bekannt wie der berühmte bunte Hund«, sagt Bärbel Gebhardt und lacht. Ein Hund, noch dazu ein bunter, lebt nicht auf Schloss Gattendorf. Dafür Graupapagei Jakob mit seiner roten Schwanzfeder, die er buschig aufstellt, wenn Menschen in seine Nähe kommen. Der über 50-jährige grau gefiederte Herr hat seine kommunikative Lebensphase hinter sich. »Früher hat er mehr geredet, heute hat er Probleme, wenn viele Stimmen durcheinander klingen«, so Bärbel Gebhardt. »Aber er kann hervorragend das Gluckern des Wasserabflusses nachahmen«, gibt sie lächelnd Jakobs Spezialität preis. Ein unüberhörbares »Grüß Gott« und ein aufgewecktes »Auf Wiedersehen« für den guten Umgangston in der Gastronomie kriegt er ebenfalls mühelos hin.

Inspiriert zum Kochen und für die Gastronomie wurde Bärbel Gebhardt von ihrer Mutter, die bis heute eingemachte Heringe nach »Spezialrezept« zubereitet. Ansonsten ist die Küche seit 2010 Hoheitsgebiet von Koch Mike Hofmann und Erika Heinze, die seit der Wende die Gesamtkoordination in der Küche innehat. Die Gebhardts fungieren als Impulsgeber: Sie liefern die Inspiration, das Küchenteam verfeinert es.

Bevor Bärbel Gebhardt den Umgang mit Fleisch, Gemüse und Gewürzen lernte, hantierte sie mit Sand, Zement und Steinen. Die

Ein schönes Anwesen in »Nord-Ost-Oberfranken«, wie Bärbel Gebhardt (linke Seite rechts, daneben Mutter Helga) die geografische Lage bezeichnet.

Der Glockenturm auf dem Remi-
sendach im hinteren Teil des
Hofes wurde vom Vater der Wirtin
Ende 1970 erbaut (ganz oben).
Der alte Ofen im Lokal (im Bild
ganz rechts) ist Dekoration in der
Winterzeit. Den haben die Schwestern »unter größter körperlicher
Anstrengung« vom Sperrmüll her-
gebracht (oben).
Das Schild des Wappens zeigt
einen Schwan in Angriffsstellung
mit gespreizten Flügeln und einen
gewappneten Ritter mit erhobe-
nem Schwert (rechte Seite).

gelernte Hotelfachfrau und Groß- und Außenhandelskauffrau im
Fachgebiet Baustoffhandel ist bis heute auch in der Baustoffhand-
lung ihrer Eltern tätig. Die zwei beruflichen Anker verleihen ihr
Flügel: In Vertrieb und Logistik ist das Organisationstalent in ihr
gefragt; Romantik und Geschichten hinter den über 300 Jahre
alten Schlossmauern lassen ihrer Kreativität und den bunten Ideen
freien Lauf. So kommt es, dass es im Schloss Gattendorf von Zeit
zu Zeit auch bunte Nudeln gibt, die die Nachbarin herstellt. Den
Frühstückskaffee trinkt der Gast aus farbigen gestreiften Pötten,
das Interieur mit antiken Möbeln und farbigen Tischdecken verbrei-
tet Fröhlichkeit. An der Rezeption hängen bunte Bilder. Dazu erklärt
die Wirtin: »Da konnten einmal Leute ihre Rechnung nicht bezahlen
und bezahlten mit Kunst, so ist es uns überliefert worden.«

Wenn sie von einem Gericht überzeugt ist, sagt sie »das ist ewig
lecker« – in Anlehnung an den Wortschatz eines Schuljungen, den
sie beim »Zuckertüten-Buffet« auf Schloss Gattendorf kennenlernte
und für den alles »ewig« gut schmeckte. Das gefiel ihr. Es gibt eine
»Windrad-Brotzeit«, die der Brisanz des Themas »Windenergie« den
Wind aus den Segeln nehmen soll. »Zur Brotzeit auf der Terrasse hat
der Gast einen exklusiven Windradblick«, sagt Bärbel Gebhardt verschmitzt. Mit ihren hausgemachten Windbeuteln haben die Gebhardts den Windbezug endgültig salon- und schlossfähig gemacht.

Der reine Weiberhaushalt ist in der Dorfgemeinschaft integriert.
Bauern kommen gelegentlich mit dem Traktor vorbei und bringen
Heu und Stroh. Eine Gans, zwei Katzen, ein Esel und jede Menge
Nackt- und »Immobilienschnecken mit Häuschen« leben hier. »Ge-
müseanbau ist sinnlos«, seufzt Bärbel Gebhardt mit Bezug auf die
Schnecken. Was die schwarz gestreiften und gezackten Mitbe-
wohner verschmähen – seltene Pflanzen wie den Türkenbund –, ge-
deiht in stillen Winkeln hinter der Ruine oder unweit des Reitstalls,
in dem alle Gebhardt-Frauen Dressur- und Springreiten gelernt haben. »Tiere sind mein Ausgleich, sie tun ewig gut«, meint Bärbel
Gebhardt versonnen. Im Nebenraum meldet sich Jakob mit einem
Krächzer zu Wort, er scheint sich angesprochen zu fühlen. »Das hat
er jetzt gehört, es klang zustimmend«, interpretiert sie.

Ausflugstipps

Schloss Gattendorf existiert seit 1704 und war im Besitz der Familie von Schmidt zu Altenstadt. Die Ruine soll aus dem 14. Jahrhundert stammen und ist heute ein Naturdenkmal.

1891 hat ein Hofer Lehrer einen Schulgarten angelegt, um den Schülern die Pflanzenwelt nahezubringen. Daraus entstand der botanische Garten mit dem Bürgerpark Theresienstein, in dem ganzjährig gärtnerische Arbeiten zu bewundern sind. Ein Arzneikräutergarten, Rosarium, Alpinum und Seerosenteich, Prachtstauden und Heilpflanzen sorgen für ein attraktives Erscheinungsbild des Gartens, der einst Teil der Bayrischen Landesgartenschau war.

Das Schloss Gattendorf liegt im Vogtland, das bekannt ist für seine zahlreichen Kulturveranstaltungen wie die Hofer Filmtage, das Festival Mitte Europa (www.festival-mitte-europa.com) oder die Stelzenfestspiele im rund 40 Kilometer entfernten Tanna.

Eingemachte Heringe

Für 4 Portionen
500 ml heißer Essigsud* | 1 l Milch | 1 Ei | 1 EL Mehl | 5 Lorbeerblätter | 10 Pimentkörner | 1 TL Senfkörner | 1 TL schwarze Pfefferkörner | 2 Zwiebeln | 3 große saure Gurken | 3 rotbackige Äpfel | 8 Heringsfilets | Salz
Außerdem: Apfelschnitze, rote Zwiebelringe und fein gehackte Petersilie zum Garnieren

■ 900 ml Milch, Ei und Mehl in einen Topf geben und in ein heißes Wasserbad stellen. Die Masse unter ständigem Rühren eindicken lassen. Die Gewürze hinzufügen.

■ Die Zwiebeln schälen und in feine Ringe schneiden. Mit dem Essigsud überbrühen. Den Sud mit den Zwiebeln abkühlen lassen und die restliche Milch einrühren.

■ Saure Gurken und die Äpfel mit Schale, jedoch das Kerngehäuse entfernt, in kleine Stücke schneiden und in die Sauce geben. Die Heringsfilets nun einlegen und mindestens einen Tag ziehen lassen. Die Sauce eventuell mit Salz und Gurkenbrühe abschmecken.

■ Die eingemachten Heringe anrichten und mit einigen Apfelschnitzen, Zwiebelringen und Petersilie garnieren.

*Den Essigsud aus 350 ml Wasser und 150 ml Essig herstellen. Dazu passen am besten Pellkartoffeln oder Bauernbrot.

Rinderzunge in Kapernsauce

Für 4 Portionen
Für die Zunge: 2 Karotten, geschält | 1 Stück Knollensellerie, geschält |
1 Stange Lauch, geputzt und gewaschen | 1 Zwiebel, geschält und hal-
biert | 1 Zunge vom Rind, gepökelt | 5 Lorbeerblätter | 10 Wacholderbeeren
Für die Sauce: 50 g Butter | 2 EL Mehl | 300 ml Sud von der gekochten
Zunge | 200 ml Weißwein | 100 ml Sahne | 1 EL Kapern
Außerdem: 8 Kapernäpfel, in Würfel geschnittenes, weich gekochtes
Wurzelgemüse aus Karotten, Lauch sowie Knollensellerie und fein
gehackte Petersilie zum Garnieren

■ Die Karotten und den Sellerie in kleine Würfel schneiden.
Den Lauch in Ringe schneiden.
■ Die Zunge waschen und zusammen mit Karotten, Sellerie,
Lauch, Zwiebelhälften, Lorbeerblättern und Wacholderbeeren
in einen Topf mit kaltem Wasser legen. Das Ganze zum Kochen
bringen, leicht salzen und die Zunge 2½–3 Stunden weich
köcheln lassen.
■ Die Zunge aus dem Sud nehmen, kalt abspülen und schälen.
Die Zunge in dünne Scheiben schneiden und in etwas Sud
warm stellen.
■ Für die Sauce aus der Butter und dem
Mehl eine Mehlschwitze rühren. Mit
der Brühe und dem Weißwein ablöschen.
Bei niedriger Hitze zu einer sämigen,
glatten Sauce kochen. Nach etwa 30 Minuten die Sahne zugeben. Kurz bevor die
Sauce zu kochen beginnt, die Kapern
unterrühren.
■ Die Zungenscheiben auf die Teller
verteilen, mit der Sauce überziehen und
mit jeweils zwei Kapernäpfeln, Wurzelgemüse sowie Petersilie garnieren.

Im Schloss Gattendorf werden als Beilage
grüne Klöße, wie Thüringer Klöße aus
roher Kartoffelmasse auch genannt werden,
oder Kartoffelkroketten serviert.

Adresse
Bischofsmühle 1
95233 Helmbrechts
Telefon: +49 9289 367
E-Mail:
info@gasthof-bischofsmuehle.de
www.gasthof-bischofsmuehle.de

Öffnungszeiten
Donnerstag bis Sonntag 8–22 Uhr

18

»Authentisch bleiben«

Dorothea und Dora Strößner im Gasthof Bischofsmühle
in Helmbrechts

Früher wollte sie Mathematik studieren, heute hat sie die
»Formel« der Kochkunst heraus: Dorothea Strößner
tischt gemeinsam mit ihrer Mutter typisch fränkische
Gerichte auf.

Im »wilden« Rodachtal lebt der »sanfte« Tourismus. Im Gasthof
Bischofsmühle, einer ehemaligen Mahlmühle, heißt es heute ankom-
men und das »Mahl« genießen. Rustikale Hausmannskost trifft hier
auf feine raffinierte Küche: Auf dem Hof das alte schwere Mühlrad,
in den Innenräumen moderne Eleganz und in der alten Küche eine
junge Frau, Dorothea Strößner. Sie bereitet Gerichte zu, die einfach
gut schmecken.

Hier ist die regionale fränkische bodenständige Küche zu Hause – mit Rezepten, die von Generation zu Generation weitergege-
ben werden. Und bewährte Methoden des Zubereitens und Garens.
Gemeinsam mit ihrer Mutter Dora Strößner raspelt und schneidet
sie Gemüse, formt die original fränkischen Kartoffelklöße, bereitet
Dressings für die Salate zu und zieht Fonds und Saucen selbst.
»Der Gast ist bereit, für ein gutes Essen einen angemessenen Preis
zu bezahlen, wenn er sicher sein kann, dass er Qualität dafür geboten bekommt«, ist ihre Erfahrung. Sie läuft neugierig durch die
Welt, ergänzt, lässt sich anregen, schaut, was zu ihren Rezepten
passt. »Es ist wichtig und nützlich, immer wieder auf Entdeckungs-
reise zu gehen und den eigenen Horizont zu erweitern.«

Dorothea Strößner praktiziert in der Küche das, was beim Reisen heute als »nachhaltiger Tourismus« bekannt ist: regional einkaufen, traditionell kochen, authentisch bleiben. Die Speisekarte
bewegt sich im Takt der Jahreszeiten, die Gerichte sind frei von
Zusatzstoffen.

Der Gedanke vom »sanften Tourismus« setzt sich schon beim
allerersten Blick auf das Kleinod fest: idyllisch gelegen, mitten im

Die Mühle, in der Dorothea Strößner
(linke Seite) mit ihrer Mutter Dora
wirkt, stammt aus dem 11. Jahrhundert. Die Besiedelung der Mühle
reicht bis in die keltische Zeit zurück. Ende 1890, nach einen Brand,
verursacht durch einen Blitzschlag,
wurden Obergeschoss und Dach-
stuhl neu errichtet.

Die Bischofsmühle bietet Übernachtung und Ferienwohnungen für Menschen, die das Landleben genießen wollen (ganz oben). Festlich geht es zu, wenn im großen Speisesaal alle Lichter brennen (oben).

Wald an einem Taleinschnitt. Das Gebäude: gepflegte historische Bausubstanz. In den Gasträumen wirkt Mutter Dora Strößner mit, die ein Händchen für schöne Arrangements und geschmackvolle Räume hat und der Mühle das einzigartige, »sanfte« Interieur verleiht.

Schön zu sehen ist dies an den geschmückten Wänden, den antiken Möbeln, an der festlichen Beleuchtung und der Liebe fürs Detail beim Eindecken der Tafeln und Tische – am Zweiertisch für das verliebte Paar ebenso wie für die große Hochzeitsgesellschaft einige Zeit später …

Weil hier alles stimmt, weil jedes i-Tüpfelchen auf dem richtigen Fleck sitzt, hat sich die Bischofsmühle weit über den Naturpark Frankenwald hinaus einen Namen gemacht. Aus allen Richtungen kommen Gäste, um der Kochkunst der Strößner-Frauen zu huldigen.

Hinzu kommt, dass die Bischofsmühle für bis zu 70 Personen Übernachtungsmöglichkeiten bietet: entweder im neu erbauten, erst 2010 eröffneten und in Niedrigenergiebauweise errichteten Ferienhaus oder in Gästezimmern und einfachen Unterkünften.

Rundum wohlfühlen kann sich der Gast in den lichtdurchfluteten Räumen und den Blick in die Natur genießen. Im Sommer ist die Terrasse ein beliebtes Plätzchen im Grünen.

Heute rasten Radfahrer und Wanderer, früher zogen Handelsreisende vorbei. Den Namen hat die Bischofsmühle ihrem Gründer – dem Bischof von Bamberg – zu verdanken. Die Lage der Mühle war günstig für den Warenhandel zwischen Bamberg und Dresden: Händler legten am Wasserlauf der Rodach Rast ein, denn die Bischofsmühle lag direkt an der Hohen Straße, ihrem wichtigsten Verbindungsweg. Früher kamen hier mehrere Wirtschaftszweige zusammen – und mit ihnen viele Arbeiter, die hier Brotzeit machten: Sägewerker, Holz- und Waldarbeiter, Müller, Landwirte, Jäger – und die Flößer. Das Holz aus dem schönen, wilden Rodachtal wurde bis nach Rotterdam transportiert …

So war die Mühle schon immer eine Herberge für ein überregionales Publikum, in der gespeist werden konnte. Die Vorfahren

von Dora und Dorothea Strößner gehörten dem fränkischen Bauernadel an, lebten von der Landwirtschaft, der Jagd und der Forellenzucht. Davon zeugen bis heute die zahlreichen Wild- und Forellengerichte, die Dorothea Strößner immer wieder neu variiert und als verführerische Kompositionen auftischt.

Dabei wollte sie den elterlichen Betrieb zunächst gar nicht übernehmen. Ein Mathematikstudium war ihr Traum. Nach alter fränkischer Tradition hätten ohnehin ihre Brüder das Ruder übernehmen sollen, doch die hatten andere Pläne. Dorothea Strößner entschied sich gegen die Welt der Zahlen und für die Welt ihrer Heimat. Sie blieb und kann sich inzwischen kaum einen schöneren Ort und Beruf vorstellen.

Ausflugstipp

Das ehemals geteilte Dorf Mödlareuth, 30 Kilometer entfernt von der Bischofsmühle: ein Museum, teils Freiluftmuseum, teils Indoor-Ausstellung, das eindrucksvoll ein Stück deutsch-deutsche Geschichte direkt an der ehemaligen Zonengrenze dokumentiert. Mödlareuth, ein 50-Seelen-Dorf am Ende der Welt, war während der DDR-Zeit geteilt in einen West- und einen Ostteil. »Little Berlin« nannten es daher die Amerikaner, und bis heute weisen alte Mauerreste, Wachtürme und Zäune auf die Teilung Deutschlands in zwei Staaten hin.

Das Ferienhaus »Jagdhaus« wurde 2013 errichtet. Es bietet Platz für maximal zwölf Personen. Inzwischen kam ein beheizter Außenwhirlpool für bis zu acht Personen hinzu.

Forelle in Mandelbutter

Für 1 Portion

1 fangfrische Bachforelle | Salz | etwas Zitronensaft | schwarzer Pfeffer
aus der Mühle | 1 Gewürzsträußchen aus frischer Minze und Petersilie |
2 EL Mehl | 1 EL Butterschmalz | 1 EL Butter | 1 EL Mandelblättchen |
1 Zitrone, in Spalten geschnitten

■ Die Forelle unter fließendem kaltem Wasser waschen und anschließend zum Entschleimen mit etwas Salz abreiben. Mit Zitronensaft beträufeln.

■ Die Forelle innen und außen mit Salz und Pfeffer einreiben.
In die Forelle ein kleines Gewürzsträußchen aus frischer Minze
und Petersilie stecken. Die Forelle mehlieren. Überschüssiges
Mehl abschütteln.

- Das Butterschmalz in einer großen Pfanne zerlassen und die Forelle auf beiden Seiten goldbraun braten. Die Hitze reduzieren. Die Butter und die Mandelblättchen hinzufügen und die Forelle gar ziehen lassen. Vorsicht: Mandelblättchen verbrennen sehr schnell!
- Mit Minze garnieren und mit Zitronenspalten servieren.

Dora Strößner reicht zur Forelle Kräuterkartoffeln. Zum Kochwasser werden neben Butter und Salz frischer Lavendel und Estragon hinzugefügt.

Butterbiskuits als Suppeneinlage

Ergibt 950 g
250 g zerlassene Butter | 12 Eier (am besten Freilandeier mit besonders gelbem Dotter) | ca. 120 g (12 EL) Mehl, gesiebt | 3 Msp Backpulver | 200 g Butter

- Den Backofen auf 180 °C vorheizen.
- Die zerlassene Butter und die Eier verrühren, nicht schaumig schlagen! Mehl und Backpulver dazugeben, gut verrühren, anschließend etwas stehen lassen, damit das Mehl gut bindet.
- Die Butter in einer Brat- und Auflaufform (Backofengröße) zerlassen und die Masse hinzufügen. Im heißen Ofen 20 Minuten backen, zwischendurch wenden. Aus dem Ofen nehmen und den Fladen abkühlen lassen. In 2 cm große Rauten schneiden. Wer will, kann andere Formen, z.B. Herzen, ausstechen.
- Die Biskuits in die servierbereite Suppe/Fleischbrühe einlegen.

Dieses Rezept ist eine Suppeneinlage für Hochzeitssuppen und stammt von der Urgroßmutter von Dora Strößner, die wie sie auch Köchin war.

19

Kreativ kochen gegen das Vergessen

Beate Roth und Marion Meyerhöfer in der Ewigen Baustelle in Wunsiedel

Adresse
Breite Straße 3
95632 Wunsiedel
Telefon: +49 9232 917337 oder
+49 175 3426668
E-Mail: dipldes.beate@gmx.de
www.beate-roth.de

Öffnungszeiten
Dienstag bis Sonntag ab 17 Uhr
Betriebsurlaub zwei Wochen
im September
Jean-Paul-Essen: 10 bis
14 Gänge mit Erläuterungen,
bei Voranmeldung ab 10 Personen möglich
Es gilt das Motto: je mehr Personen, desto mehr Gänge.

Wenn man sich in Wunsiedel trifft, dann in der Ewigen Baustelle. Dort treffen sich auch regelmäßig »Hoppelpoppel«
(aus Flegeljahre), »farschierte Weißkohlbomben« (aus Titan),
»Schnepfendreck« und »Katzendreck« (beides aus Komet)
zum vergnüglich-kulinarischen Stelldichein. Beschrieben hat
die Gerichte der in Wunsiedel geborene Dichter Jean Paul;
gekocht, ästhetisch angerichtet und serviert werden sie von
Fooddesignerin Beate Roth und Wirtin Marion Meyerhöfer
alias »Molo«.

Jean Paul aß gerne deftig fränkisch, er hätte sich in der Ewigen
Baustelle bei Molo wohlgefühlt. Molo alias Marion Meyerhöfer
hat Hotelkauffrau gelernt und 2005 die Wirtschaft eröffnet, die
150 Personen Platz bietet, notfalls auch mehr. Ihre Bistroküche
mit fränkischem Einschlag hatte keinen Bezug zu Jean Paul, bis
Fooddesignerin Beate Roth ihre Uraltfreundin Molo »bekehrt« hat,
den heimischen Dichter aufzunehmen. »Wenn man sich mit Essen
beschäftigt, fällt auf, dass Jean Paul viel übers Essen schreibt«, sagt
Beate Roth. Während des Büffelns auf die Kochprüfung stieß sie
auf die Doktorarbeit von Dr. Cosima Lutz über die »Poetik des Ver-
zehrs« bei Jean Paul. Sie begann, seine Romane zu verschlingen.
Sie entdeckte Sardellensuppe mit Himmelsbrot, Prügelkrapfen und
Moskowitisches Rindfleisch (sämtliche Gerichte aus *Komet*). »Ich
habe es häppchenweise ausprobiert, so wie man sich auch dem Dichter nähern sollte«, erzählt sie. Ihre erste Veranstaltung hieß denn
auch »Jean Paul häppchenweise«, es war ihr Beitrag für das Jean-
Paul-Jahr. Heute komponiert sie 14-Gänge-Menüs à la Jean Paul:
»Fulminante Rezepte und aufwändige Verarbeitung zeichneten den
Gastgeber aus, Prunk war gestern, es zählten Können, Originalität

An der schwarzen Tafel werden die
Jean-Paul-Menüs vorgestellt. Dort
stehen die Gerichte mit den origi-
nellen kalauernden Namen aus dem
Romanwerk des Dichters (oben).
Zwei fantasievolle Wirtinnen: Beate
Roth links und Marion Meyerhöfer
daneben (links).

Dank des denkmalpflegerischen Interesses des Bauherrn German Schlaug bekommt die Ewige Baustelle einen außergewöhnlichen Charakter. Jeder Raum hat seinen eigenen Charme: der güldene Wintergarten, der Felsenkeller und das Gewölbe, in dem ein Klavier steht, das sowohl von Künstlern als auch von Gästen genutzt wird (oben und rechte Seite).

und Nachhaltigkeit«, sagt sie, die in den Rezepten daher auch einen Spiegel der Zeit erkennt. Sobald das Thema auf die Esskultur der Romantik und Aufklärung kommt, ist sie in ihrem Element, erzählt wie ein Wasserfall heitere Anekdoten, malt mit Worten himmlische Genüsse aus, die sie ästhetisch auch vollendet zu präsentieren weiß.

Beate Roth kocht gegen das Vergessen und macht dafür viel Fieselarbeit: kunstvoll, aufwändig von Hand, mit einer gehörigen Portion Gespür. Wie bei allem, was Beate anfasst, gibt sie auch hier ihren Empfindungen beim Kochen einen poetischen Ausdruck. Sie kocht elementar, bildlich, poetisch.

Das Gesamtpaket der ausgebildeten Mezzosopranistin Beate Roth braucht einen Dirigenten – genau wie ein Orchester. Sie hat »ihren« Orchestergraben in der Ewigen Baustelle gefunden, wo ihren Kreativ-Oratorien ein denkbar geeigneter und stimmungsvoller Rahmen zur Verfügung steht. Bei den Frauen logieren Gäste, die sich parallel zum 14-Gänge-Menü an einer launigen literarischen Einführung in Werk und Speiseplan des Dichters erfreuen. Das Projekt versteht jeder, auch wenn er mit schöngeistiger Literatur wenig anzufangen weiß. »Übers Essen weckt man das Interesse, über den Geschmack überzeugt man die Leute«, sagt Beate Roth. Darum lautet der Grundton des »Orchesters«, der in den verwinkelten Gängen und Zimmern der Ewigen Baustelle immer wieder durchklingt: kreativ sein und kochen, kochen, kochen.

Ausflugstipps

Das Fichtelgebirgsmuseum verfügt über eine eigene Jean-Paul-Abteilung. Es gibt Führungen durch das Geburtszimmer Jean Pauls. Auch werden ein- bis zweimal im Jahr oder auf Anfrage Jean-Paul-Kochkurse angeboten.

Die Luisenburgfestspiele zwischen malerischen Felsen sind ein »Muss« für Besucher und ein Markenzeichen für die gesamte Region (www.luisenburg-aktuell.de).

Das Porzellanikon (Staatliches Museum für Porzellan) in einer ehemaligen Rosenthalfabrik in Selb gewährt Einblicke in das handgefertigte und industriell produzierte Porzellan. Entlang der rund 550 Kilometer langen Porzellanstraße, welche an Wunsiedel vorbeiführt, ist die Geschichte der Porzellanherstellung erlebbar (www.porzellanstrasse.de). Genusswanderer können auf dem Zwölfgipfelweg die schönsten Aussichtspunkte des Fichtelgebirges erwandern.

Saure Karauschen

Für 4 Portionen

800 g Karauschen oder Karpfenfilets | 250 ml Weißwein-essig | 1 EL Salz | 1 TL Zucker | 15–20 Pimentkörner | 100 ml Haselnussöl | 2 EL roter Portwein | 1 Prise Leb-kuchengewürz | Cayennepfeffer | 1 TL Rotweinessig | etwas Speisestärke, mit wenig kaltem Wasser angerührt | 2 frische Pflaumen, entkernt und das Fruchtfleisch in kleine Würfel geschnitten | 20 Scheiben Graubrot, entrin-det und in Stücke von 2 x 5 cm geschnitten | 1 EL gerös-tete Haselnüsse, grob gehackt | 20 frittierte Chips aus blauen Kartoffeln

Mit blauen Kartoffelchips kann man Gäste beeindrucken. Man benötigt dazu 250 g blaue Kar-toffeln, 1 l Sonnenblumenöl und etwas Salz. Die Kartoffeln wie gewohnt schälen, waschen und in dünnen Scheiben in eine Schüssel Wasser hobeln. 15 Minuten im Wasser liegen lassen. Die Chips nun durch ein Sieb abgießen und auf Küchentüchern auslegen. Mit einem weiteren Küchentuch trocken tupfen. Das Öl auf 170 °C erhitzen und die Kartoffelschei-ben portionsweise jeweils 1 Minu-te frittieren. Herausnehmen und auf Küchenpapier abtropfen las-sen. Anschließend noch einmal 1–3 Minuten frittieren, je nach-dem, wie dick die Scheiben sind. Zum Schluss 10 Minuten im vor-geheizten Backofen (200 °C) nach-garen lassen.

■ Essig, 500 ml Wasser, Salz, Zucker und Piment kurz verrühren und über die Filets gießen. So lange marinieren, bis alle Gräten verschwunden sind. Das dauert im Allgemeinen mindestens 12 Stunden, bei Karpfen ist die Zeit kürzer. Die Filets heraus-nehmen, trocken tupfen und mindestens 1 Stunde in Haselnussöl einlegen.

■ Den Portwein mit Lebkuchengewürz und Cayennepfeffer kurz aufkochen lassen. Mit dem Rotweinessig abschmecken und mit der Stärke leicht binden.

■ Die Pflaumen dazugeben und im Sud auskühlen lassen. Luft-dicht verschließen und kühl stellen.

■ Zum Servieren das Brot in etwas Olivenöl anrösten und auf Küchenpapier abtropfen lassen. Die Karauschenfilets aus dem Öl nehmen und ebenfalls auf Küchenpapier abtropfen lassen. Auf den Brotstücken platzieren. Mit Haselnüssen und blauen Kartof-felchips garnieren.

Moskowitisches Rindfleisch

Für 4 Portionen

4 Rinderrouladen | Salz | schwarzer Pfeffer aus der Mühle | 200 g Kalb-fleisch, in Würfel geschnitten und leicht angefroren | 150 g Sahne, gut gekühlt | 1 EL roter Portwein | 80 g Salzgurke, in feine Streifen geschnit-ten | 20 g Trüffeln, in feine Scheiben geschnitten (ersatzweise Morcheln) |

200 g Muskatkürbis, geputzt und in Streifen geschnitten | 100 ml natives Olivenöl | je 1 EL Rosmarin und Thymian, getrocknet | 200 g Kadayıfteig (Teigfäden [Engelshaar] in türkischen Feinkostläden) | 100 ml Erdnussöl | 60 ml reduzierter Kalbsjus | 1 EL Trüffelbutter
Außerdem: Thymianzweige und einige Trüffelscheiben zum Garnieren

- Die Rouladen zwischen Klarsichtfolie flach klopfen und mit Salz und Pfeffer würzen.
- Das Kalbfleisch in der Küchenmaschine fein pürieren. Noch einmal gut kühlen. Die Sahne und den Portwein langsam dazugeben und das Ganze zu einer Farce verarbeiten. Durch ein feines Sieb streichen. Mit Salz und Pfeffer kräftig abschmecken.
- 2 EL Farce abnehmen und kühl stellen. Die Rouladen mit der restlichen Farce bestreichen, Gurkenstreifen und Trüffelscheiben darauflegen und straff zusammenrollen. Zunächst in kochfeste Klarsichtfolie fest einrollen, anschließend in Alufolie. Salzwasser zum Kochen bringen und die Rouladen 30 Minuten pochieren, nicht kochen. Mit einem Schaumlöffel herausnehmen und beiseite stellen.
- Den Backofen auf 120 °C vorheizen.
- Den Kürbis mit der Hälfte des Olivenöls und den Kräutern im heißen Ofen 20 Minuten garen. Herausnehmen und warm stellen.
- Aus der restlichen Farce vier kleine Kugeln formen und in die Kadayıfteigfäden einschlagen. Das Erdnussöl in einer Pfanne auf 170 °C erhitzen und die Kügelchen frittieren. Herausnehmen und auf Küchenpapier abtropfen lassen.
- Kurz vor dem Anrichten das restliche Olivenöl in einer Pfanne erhitzen und die Rouladen rundum anbräunen. Anschließend in 2–3 cm dicke Scheiben schneiden. Nochmals in die Pfanne geben und weitere 5 Minuten ziehen lassen. Die Kadayıfpralinen mit einem Zahnstocher auf den Scheiben fixieren und mit einer Trüffelscheibe garnieren.
- Den Kalbsjus, dessen Konsistenz wie Honig sein sollte, mit der Trüffelbutter aromatisieren und als Linie auf den Teller ziehen. Den Kürbis darauf anrichten und die Fleischröllchen daraufgeben. Einen Thymianzweig anlegen.

Tipp: Die Rouladen und die Kalbfleischpralinen lassen sich gut vorbereiten. Die Rouladen müssen dann nur noch im vorgeheizten Backofen (160 °C) erhitzt werden.

20

Hohe Küchenkultur auf fast 1000 Metern

Christina Castro Riemenschneider im Seehaus in Tröstau (Fichtelgebirge)

Adresse
Seehaus 1
95709 Tröstau
(der Parkplatz liegt 1,2 km
entfernt)
Telefon: +49 9272 222
E-Mail:
info@seehaus-fichtelgebirge.com
www.seehaus-fichtelgebirge.com

Öffnungszeiten
Mittwoch bis Samstag 9.30 Uhr
bis Hüttenruhe
Sonntags 9.30–18 Uhr
Küchenzeiten
Mittwoch bis Samstag 11–19 Uhr
Sonntags 11–17 Uhr

Jahrelang kochte Christina Castro Riemenschneider von Wasser umgeben auf der Insel Mallorca. Inzwischen liegt ihre Küche mitten im Wald, eine Insel im Fichtelgebirge. Dort bewirtschaftet sie in knapp 1000 Metern Höhe das Seehaus: einst ein Zechenhaus für Bergbauarbeiter, heute Unterkunftshaus des Fichtelgebirgsvereins.

Kurz nach elf Uhr werden die Besteckfässchen auf den Tischen verteilt, die ersten Mittagseinkehrer nehmen Platz. Wanderer schätzen das Seehaus schon lange. Seit sich herumgesprochen hat, dass die Küche »g'scheid was taugt«, verzeichnet das Berggasthaus zudem vermehrt kulinarische Touristen, die sich die Gulaschsuppe aus der selbst gekochten Rindfleisch-Basis und die patentierte Fichtelgebirgskräuter-Bratwurst schmecken lassen, auch ohne etliche Wanderkilometer in den Knochen zu haben.

Die Küche schmeckt allen, die das Bodenständige schätzen: Christina und Christian Castro Riemenschneider kochen bunt und wild, so wie die Natur vor der Haustüre ist. Das Seehaus liegt nur wenige Schritte entfernt vom Naturschutzgebiet »Nußhardt«. Ein Fleckchen idyllische Erde, auf dem seltene Pflanzen heimisch sind und die für die Gegend typischen Granitfelsblöcke den Weg säumen. Der Wald landet in Form von Fichtennadeln und Wildkräutern auf den Tellern. Den Honig der Bienen, die sich in der Gegend tummeln, streichen die Übernachtungsgäste beim Frühstück auf das im Haus gebackene Brot. Was Christina auf ihren Kräutertouren zupft, von Gänseblümchen über Löwenzahn bis Sauerklee, schnippelt sie in den Salat.

Die gebürtige Erfurterin war Servicekraft und Restaurantleiterin in Portocolom auf Mallorca. Dort lernte sie ihren Mann kennen,

Ein idyllischer Ort: Winterstimmung vor dem Seehaus.

Wandern macht hungrig. Im urigen Unterkunftshaus des Fichtelgebirgsvereins erhält der Wanderer mehr als nur einen Hüttenimbiss.

der als Küchenchef das Restaurant »Sa Llotja« in die Oberklasse gekocht hat. Auf die Idee, den Berggasthof in seiner Heimat zu übernehmen, kam Christian, als er von der Pächtersuche im Seehaus erfuhr. Christina hat die Gastronomie im Blut, doch der Gedanke, mit Sack und Pack auf den Berg und ins Fichtelgebirge mit den kalten Wintern zu ziehen, war auch für sie zunächst gewöhnungsbedürftig. »Du bist komplett wahnsinnig«, reagierte sie auf den Vorschlag ihres Mannes. »Drei Stunden später saßen wir mit dem Geschäftsführer des Fichtelgebirgsvereins beim Vorstellungsgespräch«, erzählt sie lachend die Geschichte zu Ende. »Por qué no? Warum nicht?«, dachten sie sich.

In dieser Höhe ein Restaurant mit ihrem Anspruch an Qualität und Auswahl der Rohstoffe zu betreiben, ist nur etwas für zähe Bergnaturen. Ihr Obst, Gemüse und Fleisch können sie im Winter nur mit Allrad-Pickup hochfahren. Trotzdem sehen sie es als Privileg, in geschützter Natur nicht nur zu arbeiten, sondern auch zu leben. Sind Übernachtungsgäste im Haus, bezieht die Familie die kleine »Dienstwohnung«. Die Küche kommt überwiegend mit regionalen Zutaten aus. An freien Tagen ernten sie rund ums Haus Bärlauch und sammeln später im Jahr Pilze. Fichtenspitzen läuten als hübsch angerichteter Aperitif die Vorfreude auf den ersten Gang ein: Der hausgemachte Sirup, Basis für den »Fichtennadel-Hugo«, wird vier Tage lang angesetzt. Bei allem folgt die Wirtin ihrer Überzeugung: »Wir machen's mit viel Herzblut und Schweiß, aber wenn Restaurant, dann richtig.« Geschmacksverstärkern und Fertigprodukten hat sie Küchenverbot erteilt. Sie trocknet Gemüse im eigenen Dörrautomaten und mahlt daraus ihre eigene Brühengrundlage. Selbst die Currywurst-Sauce, eigentlich ein »rotes Tuch« für die Junkfood-Vermeiderin, wird ohne Chemie nach Hausrezeptur hergestellt. »Alles geht, wenn man nur will«, sagt sie. Ihre Gerichte wecken Kindheitserinnerungen an »Produkte, die einfach gut schmecken«: Für den Apfelstreuselkuchen, den es sonntags gibt, rufen Gäste aus Bayreuth an und lassen sich Stückchen beiseite legen. Das Rezept dafür fand sie in einem handgeschriebenen Kochbuch in alt-

Auf knapp 1000 Meter Höhe sind die Winter knackig kalt, aber am warmen Ofen ist meist ein Plätzchen zum Aufwärmen frei.

deutscher Schrift auf dem Dachboden von Christians Oma. »Wir leiten davon vieles ab und kochen es modern.« Übrigens: Das Frühstück ist genauso exzellent. Wem nach einer Wanderung die Beine schwer sind, der bleibt einfach über Nacht auf der Insel des guten Geschmacks mitten im Wald.

Entstehungsgeschichte

Das Seehaus liegt 922 Meter über NN zwischen dem Aussichtsgipfel Nußhardt und der Platte auf einer großen Waldlichtung mit Blick zum Ochsenkopf. Seine Entstehungsgeschichte verdankt es dem Zinn-Bergbau.

Überliefert ist, dass bereits 1530 auf dem Westabhang der Fahrenleite »Seehügel« nach Zinnerz gegraben wurde. Vermutlich wurde damals für die Arbeiter eine Unterkunft geschaffen: Das »Zinnhäuschen«. Ab Mitte des 18. Jahrhunderts begann der Abbau des Erzes in den Gruben »Glück auf« und »Friedrich-Carls-Glück«, der bis 1826 andauerte. Die erste Erbauung eines »Zechenhauses« für die Bergarbeiter ist auf das Jahr 1762 datiert.

Der prominenteste Besucher dürfte wohl Johann Wolfgang von Goethe gewesen sein, der bei einer gewaltigen Tagestour im Rahmen einer geologischen Exkursion am 1. Juli 1785 von Wunsiedel auf den Ochsenkopf gewandert ist. Er beschreibt in seinem Tagebuch die »Zinnwasche« und den Vorgang der Zinnerzgewinnung ausführlich. Zu Pferde ritten die Romantiker Ludwig Tieck und Wilhelm Wackenroder am 26. Mai 1793 zum Seehaus. Ganz hohen Besuch bekam es fast 200 Jahre später, als Altbundespräsident Prof. Dr. Karl Carstens anlässlich des Europäischen Umweltjahres 1987/88 sich über die Waldschäden informierte.

Ausflugstipps

Vom Seehaus zum Nußhart führt ein Wanderweg, vorbei an malerischen Granitblöcken und Felsentürmen im Wald. Für Gipfelambitionen lockt der fränkische Gebirgsweg mit der höchsten Erhebung des Fichtelgebirges: dem Schneeberg (1051 Meter hoch).

Ein Klassiker ist die elf Kilometer lange Route vom Seehaus über die Platte zum Kösseinehaus, einem weiteren FGV-Unterkunftshaus. Die letzten drei Kilometer führen bergauf durch den Wald. Oben angelangt wird der Wanderer mit einer spektakulären Aussicht auf Schneeberg und Ochsenkopf belohnt. Hier lässt sich gut einkehren, in modernen Stockbettzimmern übernachten und man wird in dem auf 939 Metern liegenden Berggasthaus ebenfalls von einer Wirtin bestens bekocht und betreut! Regina Rothenberger, Kösseinehaus 1, 95632 Wunsiedel (Telefon: +49 9232 2061, E-Mail: koesseinehaus@gmx.net, www.koesseinehaus.de).

Bärwurz-Bratwürste mit bunten Salaten

Für 4 Portionen (ergibt ca. 12 Werschd [Würste], nach einem Rezept von Christian Schmauß, Bayreuth)
3–4 Stängel Bärwurzkraut (von April bis in den Sommer, vor der Blüte) | 80 ml Sahne | 30 ml Wasser | 700 g Kalbsschulter, küchenfertig pariert | 100 g Schweinerückenspeck | ca. 18 g Meersalz | 1 TL weißer Pfeffer, frisch gemahlen | ½ TL Korianderpulver | ½ TL Ingwerpulver | 1 Bio-Zitrone, Schalenabrieb und Saft | ca. 2 ½ m Schafsdarm (Kaliber 22/24), küchenfertig
Für die bunten Beilagensalate: ¼ Rotkohl | Salz | ½ Apfel | 75 ml lauwarmes Wasser | Weißweinessig | neutrales Öl | schwarzer Pfeffer, frisch gemahlen | brauner Zucker | 3 große Karotten | ½ Bund Petersilie | Salz und weißer Pfeffer, frisch gemahlen | flüssiger Honig | Olivenöl | 2 Bio-Orangen
¼ Weißkohl | 1 Karotte | Salz und weißer Pfeffer, frisch gemahlen | 100 g Naturjoghurt | 1 EL Mayonnaise | 1 Bio-Limette, frisch gepresster Saft und Schalenabrieb
1 Handvoll Eichblattsalat | 1 Handvoll Lollo rosso | 1 Handvoll Lollo bianco | 12–16 Löwenzahnblätter | 1 Handvoll Gänseblümchen, Blüten | 3 Frühlingszwiebeln | 8 Kirschtomaten

Für die Vinaigrette: 1 Teil Wasser | 2 Teile Olivenöl | 1–2 Teile Balsamico | 2 EL pürierte Früchte der Saison | 1 EL Senf | Salz und schwarzer Pfeffer, frisch gemahlen

- Am Vortag einen Bärwurzstängel mit Grün in Sahne und Wasser in einem Topf langsam aufkochen. Dann die Hitze sofort zurückdrehen und ca. 30 Minuten simmern lassen. Vom Herd nehmen und abkühlen lassen. Flüssigkeit durch ein Sieb in eine Eiswürfelschale abgießen und ins Gefrierfach stellen.
- Kalbfleisch und Rückenspeck klein würfeln, mit Salz, Gewürzen, Zitronenschale und -saft vermengen. Die Masse durch die kleine Scheibe des Fleischwolfs drehen und 30 Minuten im Tiefkühlfach gefrieren lassen.
- Die Sahne-Bärwurz-Eiswürfel in ein Küchentuch geben und mit einem Hammer oder eine schweren Bratpfanne zerstoßen.
- Gewolfte Masse in einen Mixer geben und mit dem zerkleinerten Eis vermixen. Dabei darf eine Temperatur von 12 °C nicht überschritten werden! Restliches Bärwurzkraut ohne Stängel fein hacken und unter die Wurstmasse mischen.
- Den küchenfertigen Schafsdarm auf den Wurstaufsatz des Fleischwolfs ziehen, die Wurstmasse einfüllen und die Därme befüllen. Alle 20 cm die Würste mit Daumen und Zeigefinger

zusammendrücken und das vordere Ende zweimal um die Längsachse drehen, damit die Würste portionsweise abgebunden werden.

■ Die rohen Würste lassen sich einfrieren oder halten sich im Kühlschrank unter 7 °C bis zu drei Tage.

■ Für den Rotkohlsalat den Rotkohl in feine Streifen hobeln. Salzen und eine halbe Stunde ziehen lassen. Apfel schälen und fein reiben. Mit Wasser, einem Schuss Weißweinessig, etwas Öl, schwarzem Pfeffer und etwas braunem Zucker kurz mit einem Pürierstab durchmixen. Rotkohl in einem Sieb mit kaltem Wasser abspülen und abtropfen lassen. Die Sauce gut mit dem Rotkohl vermischen und noch etwas durchziehen lassen. Vor dem Servieren mit Salz und Pfeffer abschmecken und auf dem Teller anrichten.

■ In der Zwischenzeit Karotten schälen, dann mit einem Sparschäler längs dünne Streifen abziehen. Petersilie waschen, Blättchen abzupfen und feinhacken. Petersilie mit Salz, weißem Pfeffer, etwas Honig und Olivenöl, dem frisch gepressten Saft der Orangen und ein wenig Orangenschalenabrieb glatt rühren und über die Karottenstreifen geben, vorsichtig unterheben.

■ Für den Weißkohlsalat den Kohl in feine Streifen hobeln. Karotte schälen, fein raspeln und dazugeben. Salzen, pfeffern und mit Joghurt, Mayonnaise und Limettensaft sowie etwas Schalenabrieb gut verrühren. Vor dem Servieren nochmals abschmecken.

■ Blattsalate waschen, verlesen, abtropfen lassen und in mundgerechte Größe zupfen. Wem die Löwenzahnblätter zu bitter sind, der kann sie vorher in warmes Wasser legen. Das mildert den bitteren Geschmack. Gänseblümchen ebenfalls waschen. Frühlingszwiebeln putzen, waschen und in dünne Ringe schneiden.

■ Alle Zutaten für die Vinaigrette in ein Schraubglas geben und kräftig durchschütteln oder in einem hohen Gefäß mit einem Pürierstab aufmixen. Den gemischten Salat mit Löwenzahn, Gänseblümchen und Frühlingszwiebeln kurz vor dem Servieren mit der Vinaigrette anmachen.

■ Kirschtomaten waschen und zum Salat geben.

■ Bratwürste in einer heißen Pfanne mit etwas Butterschmalz von allen Seiten anbraten, bis sie durch und schön gebräunt sind. Je ein Paar Werschd zu den Salaten auf die Teller geben und servieren.

Fichten-Hugo

Pro Glas: 3–4 Eiswürfel | 100 ml Weißwein, z. B. Müller-Thurgau |
50 ml kohlensäurehaltiges Mineralwasser | 4–6 cl Fichtennadelsirup
Für die Dekoration: ⅛ Bio-Limette und 1 Fichtentrieb
Für den Fichtennadelsirup: 250 ml Fichtentriebe | 500 g Rohrohr-
zucker | 1 Bio-Zitrone oder -Orange, in Scheiben

■ Eiswürfel in ein großes Weinglas geben,
mit Weißwein auffüllen, Mineralwasser
und Sirup nach Geschmack zugießen. Vorsichtig umrühren und mit Limette und
Fichtentrieb dekorieren.

■ Für einen Fichtennadelsirup etwa zwei
bis drei Handvoll junge Fichtentriebe
sammeln, die noch weiche, hellgrüne
Nadeln haben. Triebe waschen, abtropfen
lassen und in einem Topf mit so viel
kaltem Wasser aufgießen, dass sie gut
davon bedeckt sind. Über Nacht darin einweichen und am nächsten Tag das Ganze
aufkochen. Zehn Minuten köcheln und
wieder abkühlen lassen. Kühl stellen.

■ Tags darauf wieder aufkochen und
durch ein mit einem Passiertuch ausgelegtes Sieb abgießen, dabei gut ausdrücken.
500 ml dieser Flüssigkeit mit Zucker und
ungeschälten Zitronen- oder Orangen-
scheiben aufkochen und etwa auf ein
Viertel der Menge zu einem Sirup einkochen. Noch heiß in ein gut ausgespültes
Einmachglas füllen, mit einem Deckel
verschließen und kopfüber abkühlen
lassen. Dunkel und kühl lagern.

Wichtiger Hinweis: Fichtentriebe nur von den eigenen Bäumen oder mit
Erlaubnis des Waldbesitzers von unbehandelten Bäumen ernten. Dabei
darauf achten, dass nur wenige Triebe pro Baum abgezupft werden,
denn an diesen Stellen wächst für ein ganzes Jahr der Ast nicht weiter.

21

Als Rentnerin den Kindheitstraum erfüllt

Erika Weigand in der Gaststätte Kleines Rathaus
in Bad Berneck

Adresse
Rotherstraße 33
95460 Bad Berneck
Telefon: +49 9273 9667477
oder +49 176 38959569
E-Mail: weigand.erika@gmail.com

Öffnungszeiten
Mittwoch, Donnerstag und
Freitag ab 17 Uhr
Sonntag vom 1. Mai bis
30. September ab 16 Uhr,
vom 1. Oktober bis 30. April
ab 17 Uhr, Montag und Samstag
Ruhetag

Andere gehen mit 65 in Rente, Erika Weigand macht eine
urige Kneipe auf und erfüllt sich ihren Kindheitstraum.

Mit der Bezeichnung »rüstige Rentnerin« kann man Erika Weigand
höchstens ein mildes Lächeln entlocken. »Jeder, der im Ruhestand
etwas tut, um keine müden Knochen vom Nichtstun zu bekommen,
ist ja rüstig, für mich ist das normal«, meint sie. Einigen ist ihr En-
gagement, mit dem sie viermal pro Woche abends schwere Eisen-
pfannen stemmt und darin Bratkartoffeln nach Großmutterart in
guter Butter schwenkt und kross brät, suspekt. Offen gesteht sie,
dass sie kurz vor der Eröffnung des Kleinen Rathauses »gehöriges
Fracksausen« hatte: »Ich stand kurz vor dem Nervenzusammen-
bruch, habe es aber noch keine Minute bereut.«

Seit der Kindheit hatte sie den Wunsch, Wirtin zu sein. Ihre Eltern hatten ein Wirtshaus in Bärnreuth, mit Tanzsaal. »Papa, so was
will ich auch mal machen«, sagte die Tochter. Ihre Mutter warnte:
»Mach's nicht, ein Wirtshaus ist ein Narrenhaus.« »Närrisch« viel
zu tun gibt es, das hat Erika Weigand inzwischen gemerkt. Doch
der Gedanke, die Füße hochzulegen und durch die Weltgeschichte
zu reisen, wäre für sie eine unerträgliche Narretei. Sie kauft ein,
wuchtet Bierfässer unter die Zapfanlage, fährt Leergut weg, putzt,
kocht, organisiert Musiker für das kleine Lokal, unterhält die Gäste und lebt gemäß dem Motto: Wer rastet, der rostet. Wer was
schafft, hat mehr Lebenskraft.

Von ihrer Mutter, die für ihre gute Küche bekannt war, hat Erika Weigand das Koch-Einmaleins gelernt. »Für ihre Bratkartoffeln
und ihren Kartoffelsalat sind die Leute früher Schlange gestan-
den.« Vom Vater hat sie die gesellige Ader: »Er war immer ganz für
seine Gäste da – er wäre heute sicher stolz auf mich«, sagt sie.

Jean Paul hat Bad Berneck einst
als »Vorhof und Vorhimmel des
Baireuther Himmels« bezeich-
net. Auf ihn geht der Jean-Paul-
Weg zurück, der auch durch
Bad Berneck führt, vorbei an
Ölschnitz und Weißem Main, mit
literarischen Stationen auf den
Spuren des Dichters.

Die drei Stühle gehören zum Stammtisch, an dem regelmäßig heiß diskutiert und viel gelacht wird. Dahinter eine alte Ansicht von Bad Berneck (ganz oben). Hier spielt regelmäßig die Musik! Das Kleine Rathaus mitten im Herzen von Bad Berneck, gegenüber der Musikschule, wird des Öfteren zu einem Haus der Musik, wenn Musiker auftreten oder der Gesangverein zu Gast ist (oben).

Ihr Lebensweg führte sie zunächst weit fort von der Gastronomie: Bis zum Jahr 2000 hatten Erika Weigand und ihr Mann eine Eisenwarenhandlung im Luft- und Kneippkurort Bad Berneck am Fuß des Fichtelgebirges, anschließend arbeitete sie zehn Jahre in Bayreuth als Verkäuferin für Haushaltswaren. Dann kam das Erwachen, »plötzlich« 64 zu sein und die Frage: Was mach' ich jetzt?

Im Heimatort stand ein Türchen offen in einem 350 Jahre alten Haus, und Erika Weigand zog hinein, um sich Traum und Wunsch zu erfüllen: Seit zwei Jahren schaltet und waltet sie in dem historischen Gemäuer, das 15 Jahre leer stand, bevor sich ein Käufer fand, der es von Grund auf sanierte und es in ein Schmuckstück verwandelte. Früher war es die Dorfbäckerei, danach Gastronomie, erzählt sie. »Ich habe mich schon in meiner Kindheit in das Haus verliebt.« Diese Liebe zum altehrwürdigen Haus stößt überall auf Gegenliebe: »Viele sind happy, dass sie ihr kleines Rathaus wieder haben«, erzählt sie. Wanderer, Urlauber zieht es in die gute Stube, regelmäßig treffen sich die Alt-Bad-Bernecker, die froh sind, »ihren« Stammtisch wieder zu haben. Ihre Gäste begrüßt Erika Weigand mit Handschlag – sofern sie die Hände dafür frei hat. »Es gibt da so ein modernes Wort, Feedback, das stimmt hier einfach«, sagt sie verschmitzt. Auch der örtliche Gesangverein ist regelmäßig zu Gast: Manchmal wird gesungen, dann singt sie mit – ihre astreine Sopranstimme leiht sie seit vielen Jahren dem gemischten Chor. Musikalisch ist das Wirtshaus ohnehin: Regelmäßig treten bei ihr Liedermacher und Musiker auf.

Ihr Herz geht auf, wenn sie zu hören bekommt: »Zu dir kommt man einfach gerne rein« – was auch an ihrem Geschick und ihren dezenten Dekorations-Pinselstrichen im Raum liegen dürfte: rote und weiße Sitzkissen auf dunklem Holz – schlicht und fein. Ein Hingucker sind auch die Gardinen: Im Winter sind sie rot-weiß, die Sommergardinen tragen Blumenmuster. Saisonal geht es auch in der Küche zu: Erika Weigand kauft frische Zutaten und verzichtet auf viel »Drumrum« nach ihrem Motto: Je weniger Schnickschnack, desto besser schmeckt's den Gästen.

Und wenn im Gastraum mal wieder alle 40 Sitzplätze belegt sind, rücken die Gäste eben etwas enger zusammen, und es wird noch gemütlicher. Dann ist Erika Weigand im Glück.

Ausflugstipps

Wandern lässt sich herrlich entlang des weißen Mains oder im malerischen Ölschnitztal entweder zur Burgruine Hohenberneck, zum rekultivierten Steinbruch in Gefrees oder auf dem rund 200 Kilometer langen Jean-Paul-Weg. Bad Berneck ist seit Mitte des 19. Jahrhunderts Kurort, seit 1950 mit dem Prädikat »Bad« ausgezeichnet. Der Besuch des attraktiven Kurparks ist ein »Muss« bei einem Bad-Berneck-Aufenthalt wie auch der dendrologische Garten mit seltenen Bäumen und Sträuchern. Auch die Kristallgrotte in einem Felsenkeller in Bad Berneck ist eine einzigartige Naturschönheit.

Bratkartoffeln mit Leberkäs und Spiegelei

Für 4 Portionen

Für die Bratkartoffeln: 800 g festkochende Kartoffeln, gekocht | 1 große Zwiebel | 2 EL Butter | Kümmelsamen | 150 g Schinkenspeck, gewürfelt | Salz | Majoran, gerebelt

Für den Leberkäs und die Spiegeleier: 4 Spiegeleier | 1 EL Butterschmalz | 4 Scheiben Leberkäse à 200 g | Salz

■ Die Kartoffeln schälen und in etwa ½ cm dicke Scheiben schneiden. Die Zwiebel schälen und in feine Scheiben schneiden. Die Butter in einer großen Pfanne erhitzen und die Kartoffel- und Zwiebelscheiben anbraten. Den Kümmel und den Schinkenspeck darüberstreuen.
■ Die Kartoffeln etwa 8–10 Minuten bei mittlerer Hitze braten, dabei gelegentlich durchschwenken.
■ Gleichzeitig in einer zweiten Pfanne die Eier bei mittlerer Hitze zu Spiegeleiern braten. In einer dritten Pfanne den Leberkäs von beiden Seiten scharf anbraten.
■ Die Bratkartoffeln mit Salz und Majoran würzen und nochmals 3–4 Minuten kross braten.

Erika Weigand serviert das Gericht in einer schmiedeeisernen Pfanne und platziert das Spiegelei auf dem Leberkäse. Dazu gibt es ein schönes Seidla Bier.

22

Mit Ostseesand in Franken »gestrandet«

Daniela Taubenreuther im Gasthaus Drei Linden
in Tröbersdorf

Adresse

Gasthaus Drei Linden
Tröbersdorf 10
95488 Eckersdorf
Telefon: +49 9279 8512
E-Mail: dani.taubi@t-online.de
www.danis-drei-linden.de

Öffnungszeiten

Sommer (Mai–Dezember)
Mittwoch bis Sonntag ab
11:30 Uhr
feiertags ab 10 Uhr
Winter (Januar–April)
Mittwoch bis Freitag ab 14 Uhr
Samstag und Sonntag ab
11:30 Uhr

Direkt neben dem mehrfach prämierten Biergarten liegt der
»Strand«. Daniela Taubenreuther, die Wirtin der Drei Linden,
ist mit einem Strandkorb samt Ostseesand im Fränkischen
heimisch geworden.

»Ich wollte auf dem Absatz wieder umdrehen«, kann sich Daniela
Taubenreuther lebhaft erinnern. Die erste Begegnung mit der Dorf-
kneipe am Nordrand der fränkischen Schweiz war für sie ein Kul-
turschock. 1996 zog sie der Liebe wegen von Jena ins Fränkische.
Die Köchin hörte von einem Wirtshaus, das auf dem Land und frei
zur Pacht sei. Doch das klang nur verlockend. »Hier ziehe ich nicht
hin, da falle ich ja ins Mittelalter zurück«, gibt sie ihre erste Reaktion wieder, als sie die »Räuberhöhle« sah: »Man kam rein, es war
düster, die Decke verräuchert, es gab nur Bier aus Flaschen, keine
Heizung, eine Küche mit einem alten Ofen und ein Männer-WC mit
Rinne.«

20 Jahre später betritt der Gast ein schmuckes, traditionelles
Wirtshaus mit Biergarten, der schon mehrfach prämiert wurde. Ein
Sonderpreis als eines der »schönsten fränkischen Wirtshäuser«
ging im Jahr 2013 an die »Drei Linden« und Daniela Tauben-
reuthers »unkomplizierte Gerichte«. Auf ihren Tellern platziert
sie Gerichte, die mit wenigen Zutaten auskommen und gerade
durch das Weglassen von Firlefanz gaumenbereichernd sind. Wenn
es wieder mal fein geschmeckt hat, so fein, dass die Teller ratzeputz leergegessen sind, hört sie den Satz: »Dani, schee war's.«
Dann regt sich bei ihr rundum Freude: »Wunderbar!«, sagt sie oft,
wenn sie gar nicht genau weiß, wie ihr geschieht. »Ich mache nichts
Besonderes, ich tue seit 20 Jahren nur das, was ich aus dem Bauch
heraus für richtig halte«, hebt sie lachend die Schultern.

Ein herzliches Willkommen begrüßt
den Gast ...

... in einem der schönsten Bier-
gärten Bayerns, der für seine
gemütliche Lage schon prämiert
wurde.

Ihr Original-Ostsee-Strandkorb aus ihrer Heimat Wismar spielt
bei der gelungenen Arbeit keine unbedeutende Rolle: »Der riecht
noch richtig schön nach Ostsee«, schwärmt sie. Er steht in ihrem
Garten auf echtem Ostseesand, der mit Tang und Muscheln in
Franken gestrandet ist – ein Geschenk ihrer Eltern. »Die Füße im
Sand vergraben kann ich ich selbst sein«, erzählt Daniela Taubenreuther. Im Sommer, vor der Arbeit, in der frühmorgendlichen
Sonne, zwischen einem frisch erblühten Rosen-
busch und einer alten Zinkwanne, kann sie über-
legen, sich sortieren. Dort denkt sie in freien
Minuten über die Rezepturen nach, mit denen sie
aus einer Mahlzeit ein »rundum stimmiges Gericht« macht. »Hier wachsen meine Ideen – und
die Kräuter dafür auch.« Die Natur nimmt sie
in all ihre Gerichte mit hinein. Fundgrube ist
außer dem eigenen Hochbeet die Region. Bio?
»Ja, sofern im Bereich des Möglichen.« Saisonal?
»Unbedingt.« Am liebsten knöpft sie sich die
herzhafte, bodenständige Frankenküche vor, der
sie moderne Impulse gibt – und die sie »ein biss-
chen fleischloser« präsentiert. »Aber nur vegetarische Rezepte, die wirklich schmecken«, sagt
sie über die Alternativen zu Fleisch.

Das Zusammenspiel aus fränkisch und international, traditionell und experimentell interessiert sie. Wie lässt sich ein bekanntes Rezept variieren? Wie passen die einzelnen Zutaten zusammen? Mit diesen Fragen begibt sie sich von ihrem »Ostsee-Strand« dann in die Küche. Ganz ins Köchin-Sein vertieft baut sie ihre Rezepte Stück für Stück zusammen, verfeinert sie, tüftelt an ihnen und spielt mit Nuancen. »Ich bin jemand, der viel durchs praktische Ausprobieren lernt und dann weitergibt«, gibt sie einen Hinweis auf ihr neugieriges, gewinnendes und offenes Wesen – mit dem sie auch bei den Gästen sämtliche Sympathien erntet. Sogar der Stammtisch ist bei ihr kein Club Eingeschworener, sie pflegt eine offene Stammtisch-Kultur. Mit den meisten Gästen hat sie eine gemeinsame Geschichte, sie lieben ihr Essen und erleben »Danis gastfreundliche Welt« immer wieder gerne. Mit ihrem »Wunderbar!« vermittelt sie, dass sie gerne Wirtin ist. »Mir macht es Freude, zu kochen und mit meinen Gästen zu kommunizieren.«

Ausflugstipps

Auf der Neubürg gibt es in die Natur eingebettete Kunst: Im 2003 eröffneten »NaturKunstRaum« Neubürg stellen internationale Künstler LandArtWerke aus, gezielt im Einklang mit der Umgebung. Bei der Materialauswahl haben sich die Künstler von der Natur inspirieren und leiten lassen: So werden zum Beispiel Kalk- und Sandstein sowie Bronze verwendet.

Schloss Fantaisie-Donndorf: Einst Sommersitz von Prinzessin Elisabeth Friederike Sophie (1732–1780), ist die im Nachbarort Richtung Bayreuth gelegene Anlage heute beliebter Anziehungspunkt für Touristen. Vor allem im Frühling und Sommer ist die höfische Gartenkunst eine Augenweide. Parallel dazu lässt sie sich im Gartenkunst-Museum Schloss Fantaisie bewundern.

Altgotische Kirche im Ort: Sehenswert ist die St. Laurentiuskirche in Tröbersdorf mit spätgotischem Chor, gotischen Fenstern und einem Barockaltar mit Reliquiengrab sowie einem Taufstein davor.

Im Innenraum geht es preisgekrönt weiter: Die Stube wurde zu „einem der schönsten fränkischen Wirtshäuser" erklärt.

Vegane Spitzkohlwickel

Für 10 Portionen
1 nicht zu kleiner Spitzkohl (mind. 1 ½ kg) |
1–2 EL Salz | Kreuzkümmel
Für die Füllung: 300 g Grünkern | 750 ml Gemüse-
brühe | 150 g Haferflocken extra zart | 100 g Nüsse
oder Kerne je nach Geschmack, fein gehackt | 1 EL Hefeflocken |
1 TL edelsüßes Paprikapulver | 2 TL feines Ursalz | 1 Msp Korianderpulver
| 2 Msp Kreuzkümmelpulver | 1 Bund krause Petersilie, feingehackt |
50 ml Rapsöl | 1 kleine Zwiebel, geschält
Für das Pastinaken-Kartoffel-Püree: 400 g Pastinaken | 400 g mehlig
kochende Kartoffeln | 100 g Schalotten | 2 EL Olivenöl | 16 g Salz |
Muskatnuss, frisch gerieben | 100 ml Riesling

■ Den Strunk vom Kohl mit einem spitzen Messer entfernen
und beiseite legen. Die Blätter einzeln ablösen, harte Blattrippen
ebenfalls ausschneiden und zum Strunk geben.
■ Einen Topf mit 4–5 Litern Wasser, das mit Salz und etwas
Kreuzkümmel gewürzt wurde, zum Kochen bringen. Die Kohl-
blätter darin je nach Größe 1–3 Minuten blanchieren.
■ Grünkern in 500 ml Gemüsebrühe weichkochen, bis die
Flüssigkeit eingekocht ist. Haferflocken, Nüsse, Hefeflocken und
Gewürze unterrühren. Die restliche Brühe aufkochen, in die
Masse einrühren und noch etwa 10 Minuten nachquellen lassen.
■ Kohlblätter in 10 Portionen aufteilen, dabei am besten die großen
Blätter zuunterst, dann die kleinen Blätter darauflegen. So lassen
sich die Rouladen besser aufrollen. Die Masse jeweils gleichmäßig in
der Mitte darauf verteilen. Rouladen seitlich einschlagen und fest
aufrollen, abschließend mit einer Bratschnur umwickeln.
■ Den Backofen auf 180 °C Ober- und Unterhitze vorheizen.
Rapsöl in einer Pfanne erhitzen. Rouladen jeweils rundum darin
anbraten und in einen Bräter setzen.
■ Zwiebel, Kohlstrunk und Blattrippen klein hacken, in derselben Pfanne braten, bis sich Röstaromen entwickelt haben, und
ebenfalls in den Bräter geben. Den Bratensatz mit etwas Kohlsud
ablöschen und mit ca. 1 ½ Litern des restlichen Suds aus dem Topf
in den Bräter gießen.
■ Für 1 Stunde in den Ofen schieben und schmoren lassen.

- Pastinaken und Kartoffeln schälen, in kleine Stücke schneiden.
- Schalotten schälen und fein hacken. Olivenöl in einem Topf erhitzen, Schalotten darin anschwitzen, dann Pastinaken und Kartoffeln dazugeben. In wenig Wasser weich kochen.
- Gemüse abgießen und pürieren, bei Bedarf etwas von der Koch-flüssigkeit zugießen. Mit Salz, Muskat und Riesling verfeinern. Abschmecken und nochmals pürieren
- Rouladen aus dem Bräter heben und mit dem Püree auf vorgewärmte Teller geben. Die Flüssigkeit aus dem Bräter einfach nur pürieren, nochmals abschmecken und dazu reichen.

Geräucherter Limburger mit Bratkartoffeln

Für 1 Portion

ca. 150 g fest kochende Kartoffeln, am Vortag gegart | 1 kleine Zwiebel | Butterschmalz | 1 geräucherter Limburger (ca. 200 g) | Salz | schwarzer Pfeffer, frisch gemahlen | 1–2 Stängel Majoran oder Thymian | Blättchen abgezupft | Radieschen | Schnittlauch

- Den Backofen auf 220 °C vorheizen.
- Kartoffeln und Zwiebel schälen. Kartoffeln in Schei-ben, Zwiebel in schmale Streifen schneiden. Etwas Butterschmalz in einer Pfanne erhitzen und die Kartoffel-scheiben darin knusprig anbraten. Dabei immer wieder wenden und die Zwiebelstreifen dazugeben. Fertig braten und mit Salz, Pfeffer und Majoran oder Thymian würzen.
- In der Zwischenzeit den Limburger in eine feuerfeste Form geben und bei Grillfunktion auf der mittleren Schiene 15–20 Minuten grillen (junger Käse grillt schneller). Der Käse ist fertig, wenn er aufspringt und das Innere zu schmelzen anfängt.
- Bratkartoffeln zum Käse in die Form geben. Mit geputzten Radieschen und frischem Schnittlauch garniert heiß servieren.

Den geräucherten Limburger gibt es an gut sortierten Käsetheken und auf Bauernmärkten zu kaufen. Dazu wird Limburger mit geschrotetem Pfeffer gewürzt und dann langsam über Buchenholz geräuchert.

23

Eine Exotin mitten im Wald

Marga Linhard im Forsthaus Schweigelberg
in Behringersmühle

Adresse
Behringersmühle
91327 Gößweinstein
Firmentelefon:
+49 911 761348,
Forsthaus: +49 172 8120871
E-Mail: info@forsthaus-
schweigelberg.de
www.forsthaus-schweigelberg.de

Öffnungszeiten
Samstag und Sonntag
12–18 Uhr (kleine Tageskarte und
nach Vereinbarung)
Menüs oder Veranstaltungen
müssen gebucht werden.
Hinweis: Das Forsthaus Schweigelberg liegt im Staatswaldgebiet
und ist nur zu Fuß oder mit dem
Fahrrad erreichbar. Parkplätze
stehen im Ort Behringersmühle
zur Verfügung (Parkplatz beim
Tennisgelände).

Im Forsthaus Schweigelberg präsentiert eine Jagdpächterin köstliche Küche. Marga Linhard ist der kochende Beweis, dass die fränkische Schweiz fantasievolle und eigensinnige Naturen hervorbringt.

Zu Fuß durch dichten Wald, der bei Sonnenschein dennoch licht-durchflutet ist, führt der Wanderweg. Auf einer kleinen Anhöhe tut sich eine Lichtung auf, und man steht vor dem Forsthaus Schwei-gelberg. Die Chefin des Hauses, Jagdpächterin Marga Linhard, sam-melt im Bauerngarten die Kräuter, die sie für ihr geplantes Vier-Gänge-Menü braucht. Dazu schnuppert sie immer wieder an einem grünen Büschel, knabbert am wilden Thymian und steckt die Nase tief in Giersch, Olivenkraut und Weinraute. Die Frau mit der roten Strubbelmähne, die Beine in hohen Gummistiefeln und mit einem festen Handschlag bietet »feines Essen, unter Einbeziehung der Natur« – ein Konzept, das seinem Namen alle Ehre macht.

Licht für die Wirtsstube spendeten bis vor einigen Jahren Ker-zen und Gaslampen, die ein schummriges Licht verbreiteten. In der Küche mit Regalen voller Gewürze steht ein alter Holzofen, dane-ben ein gasbetriebener Herd, der auch funktioniert, wenn der Die-selgenerator keinen Strom liefert. Marga Linhard muss ihre Lebens-mittel selbst herbeischaffen, da außer der Jagdpächterin niemand mit dem Auto hochfahren darf ins bayrische Staatswaldgebiet – bis auf wenige Lieferanten.

Eine wie sie passt hierher: eine, die mit dem Biorhythmus lebt, denkt, isst und arbeitet. Als Jäger waren sie und ihr verstor-bener Mann von jeher naturverbunden – auch in Bezug auf die Küche. »Wild muss ja zubereitet werden«, erklärt Marga Linhard. Auf Initiative ihres Mannes geschah, was damals in Bayern die

Was Marga Linhard tut, das tut sie mit Liebe – und meistens im Beisein ihrer Hündin »Tosca«. Sie ist eine Deutsche Wachtelhündin, ein Jagdhund.

In Marga Linhards Kräutergarten gedeihen Liebstöckel, Salbei, Pimpinelle, Schnittlauch, Bärlauch, Petersilie, Fette Henne, Indianernessel, Nachtkerze, Kapuzinerkresse, Bartnelken, Sauerampfer, Currykraut, Melisse und Pfefferminze, um nur eine Auswahl zu nennen ...

absolute Ausnahme war: Eine Frau, noch dazu eine Badenerin aus dem Schwarzwald, greift zum Jagdgewehr, machte mit ihrem Mann den Jagdschein und pachtet eine Jagd im Herzen der fränkischen Schweiz. Damit war sie in den 1970er-Jahren eine Exotin. Das ist sie bis heute, inzwischen eine Küchenexotin.

Mit ihren überzeugend formulierten Ansichten könnte sie einen Aphorismenband füllen. »Kochen lernt man durch Kochen.« Oder: »Am Brot auf dem Tisch erkennt man die Wirtschaft.« Oftmals hat ihre Sprache eine feine exotische Schärfe – wie ihre Fleischküchle, in die sie Chili und Gundermann aus Eigenanbau mischt. »Regionaler Mist bleibt regionaler Mist«, sagt sie, oder: »Ich suche das Beste aus, nicht nur das Nahe.« Um den Genuss der Menschen zu erreichen, handelt sie nicht nach fremden, sondern nach ihren eigenen Richtlinien einer »klaren« Küche: »Etwas Authentisches, bei dem man sich nicht verbiegen muss, Natur pur.«

Inzwischen sind es bald 25 Jahre, seit sie das Forsthaus eröffnet hat. Mit ihrer Philosophie kann und will sie nicht jedem Rechnung tragen. »Nicht meckern über andere, sondern ich muss es besser machen«, sagt sie ernst. Marga Linhard stellt an sich allerhöchste Ansprüche. Sie schüttelt den Kopf über das »Versandkatalog-Denken«, jene Anspruchshaltung, alles überall und sofort zu kriegen. »Im Ausland findet es jeder toll, in kleinen verträumten Bergdörfern nur ein Gericht zur Auswahl zu haben und dass die Oma die Nudeln noch selbst macht«, sagt sie. »Hier aber muss ich manchem Gast mühsam verklickern, warum es im Sommer kein Fleisch von der Ente gibt. Und dass der blutreinigende Bärlauch im Frühjahr wächst und dies die beste Jahreszeit für Erneuerung und Reinigung ist.«

Zwei knorrige alte Weinstöcke säumen den Haustürrahmen, das Geschenk einer Freundin, die sie herbrachte. Denn hier wächst von selbst kein Wein. Hier fühlen sich wilde Kräuter und eigensinnige Naturen wohl. Für die Menüs hat ihr ein auf seltene »Gewächse« spezialisierter Weinhändler aus Nürnberg eine der exotischsten Weinkarten weit und breit komponiert. Es kann diese Menüs nur auf Vorbestellung geben, denn hier etwas zu planen und zu organisieren, erfordert mehr Aufwand. Ihr Exotenstatus bereichert die gastronomische Landschaft: An den Wochenenden ist es meist sehr belebt im angenehmen Hort der Natürlichkeit, der Kontinuität bietet in einer schnelllebigen Welt der »Alles-überall-zu-jeder-Zeit«-Küchen.

Ausflugstipps

Das Forsthaus Schweigelberg selbst ist bereits einen Ausflug wert: Der Ort ist unter dem Namen »Swychelberg« 1348 erstmals erwähnt, im Rechtsbuch des Bischofs von Bamberg, Friedrich von Hohenlohe. Es liegt im Herzen der Fränkischen Schweiz über den vier Tälern: Ailsbachtal, Püttlachtal sowie oberes und unteres Wiesenttal.

Mit ihren postkartenschönen Landschaften und Burgen ist die fränkische Schweiz ein Eldorado für Wanderer, Biker und Erholungsuchende. Überall rund um die Behringersmühle ist es schön: Im Ort Pottenstein lohnt sich ein Bummel entlang der Püttlach, in der Nähe ist im Sommer das Felsenbad, ein von Felsen umrahmtes Naturbad, ein Erlebnis. Auch die bekannte Tropfsteinhöhle »Teufelshöhle« mit Sommerrodelbahn muss man gesehen haben. Wem der Sinn nach einer Städtetour steht: Die Festspielstadt Bayreuth wie auch das historische Bamberg und das malerische Forchheim sind nah.

Naturverbundene können im ruhigen Garten mit der 300 Jahre alten Linde gemütliche Stunden verbringen. Abschalten vom Alltag lässt sich in der gediegenen und gemütlich eingerichteten Forsthausstube (ganz oben und oben).

Rehsülzchen mit Brombeersauce und Süßkartoffelgratin

Für eine 1-Liter-Form bzw. für 4 Portionen

Für die Sülze: 2 EL Butterschmalz | 1 Rehkeule (1,5–2 kg), ausgelöst | Suppengemüse, gewaschen und in Stücke geschnitten | Salz | 1 Lorbeerblatt | 3 Nelken | frische Tannennadeln | 1 Bio-Orange, Zesten | 500 ml–1 l Rotwein | Himbeeressig | 40 g Gelatinepulver | 2 EL Kakaopulver (nach Belieben) | Petersilienblätter | schwarzer Pfeffer, frisch gemörsert | rosa Pfeffer | Chiliflocken nach Belieben

Für die Brombeersauce: 100 g Zucker | 125 ml roter Portwein | 1 Zimtstange | 2 Nelken | 1 Sternanis | 2 EL Brombeer- oder Holundergelee

Außerdem: einige frische Brombeeren

Für das Süßkartoffelgratin: 500 g Süßkartoffeln | 50–80 g Butter | Salz | Muskatnuss, frisch gerieben | 200 ml Sahne

- Für das Sülzchen den Backofen auf 200 °C vorheizen.
- Das Butterschmalz in einem Bräter erhitzen und die Rehkeule zusammen mit dem Suppengemüse, Salz und den Gewürzen rundum kräftig anbraten. Im heißen Ofen etwa 1½ Stunden garen. Die Temperatur auf 90–100 °C reduzieren und weitere 30 Minuten schmoren.
- Den Bräter mit dem Fleisch herausnehmen und den Rotwein angießen. Abkühlen lassen. Die Keule herausnehmen, in die einzelnen Muskelstränge zerlegen, von Häuten befreien und in ½ cm dicke Scheiben schneiden.
- 500 ml Fond zuerst durch ein Sieb passieren und dann durch ein Tuch seihen. Mit dem Himbeeressig und reichlich Salz würzen.
- Die Gelatine in einer kleinen Menge kaltem Fond auflösen und erwärmen. Mit dem restlichen Fond vermischen. Nochmals abschmecken, nach Belieben den Kakao dazugeben.
- Die Fleischscheiben in mehreren Lagen in die mit Klarsichtfolie ausgelegte Form geben. Zwischen die einzelnen Lagen Petersilienblätter, gemörserten Pfeffer, rosa Pfeffer und Chili nach Belieben geben.
- Nun das Ganze mit dem abgekühlten Fond sehr langsam begießen. Es sollen sich keine Luftbläschen bilden. Kalt stellen, bis die Sülze fest ist.
- Für die Sauce den Zucker in einer Pfanne zu Karamell schmelzen lassen. Den Portwein angießen und gut verrühren. Zimtstange, Nelken und Sternanis sowie einige Löffel des Gelees hinzufügen. Das Ganze etwas dicklich einkochen lassen und durch ein Sieb passieren.
- Für das Süßkartoffelgratin den Backofen auf 180–200 °C vorheizen. Die Kartoffeln schälen und in Scheiben hobeln.
- Die Butter in einer flachen Form zerlassen. Die Kartoffelscheiben mit der Butter in der Form vermengen und mit Salz und Muskat würzen. Die Sahne angießen und das Gratin im heißen Ofen etwa 45 Minuten goldbraun backen.
- Sülze in Scheiben schneiden und auf Tellern mit der Sauce anrichten. Daneben das Gratin anordnen. Zur Brombeerzeit sollte man mit schönen frischen Beeren das Gericht garnieren.

Alternativ eignen sich auch Bratkartoffeln als Beilage. Will jemand die Sülze als Vorspeise reichen, dann passt auch eine Vinaigrette dazu, begleitet von einer Scheibe guten Brotes.

Diese formschönen Küchenutensilien sind ein Blickfang in Marga Linhards Küche (ganz oben). Außer als schmackhafte Gewürzzugaben sind die eigenen Kräuter auch immer für eine hübsche Dekorationsidee gut (oben).

24

Hier braut eine Könnerin

Irene Brehmer-Stockum im Gasthof Lindenbräu in Gräfenberg

»Sie reißen uns das Bier aus der Hand«, kann Brauermeisterin Irene Brehmer-Stockum heute voller Freude und Stolz sagen. Sie hat sich den Beruf der Brauerin hart erkämpft – in ihrer Jugend gab es für »Mädchen« nur selten einen Ausbildungsvertrag.

Vor allem im Sommer ist der Andrang im Ort Gräfenberg groß. Der Fünf-Seidla-Steig ist am Wochenende gut frequentiert von Biergenießern und Wanderern, die sich im Brauereigasthof Lindenbräu die Klinke in die Hand geben. Das Zugpferd ist das herrliche Bier, das Irene Brehmer-Stockum nach alter Familientradition braut.

Gerste, Hopfen und Malz haben auch die Brehmers nicht neu erfunden. Warum schmeckt es hier so speziell und gut? Die Brauermeisterin erklärt es: »Für unsere sechs ober- und untergärigen Biersorten verwenden wir verschiedene Malz- und Hopfensorten der Region. Durch den Einsatz handwerklicher Braukunst unter Einbeziehung aller menschlichen Sinne entsteht daraus ein Bier bestmöglicher Qualität.« Da Bier überwiegend aus Wasser besteht, trägt auch die Zusammensetzung des Wassers entscheidend zum Biertyp bei. Die höhere Karbonathärte des fränkischen Wassers begünstigt die Bernsteinfarbe der hier gebrauten Biere.

In den sechs Lindenbräu-Bierstilen treffen sich feinwürziger Geschmack und angenehme Weichheit, so dass man sich das Glas gerne auch mehrmals befüllen lässt und nicht nur eine Bügelflasche mit dem typischen »Plopp«-Geräusch öffnet. Nach dem Flaschentyp, der sogenannten Maurerflasche, muss man übrigens lange suchen. Nur noch wenige Glashütten fertigen die Flaschen in der ursprünglichen Form.

Der Trend zur Ursprünglichkeit, zu einheimischem, selbst gebrautem Bier ist bei Familie Brehmer-Stockum bestens aufgehoben.

Adresse
Am Bach 3
91322 Gräfenberg
Telefon: +49 9192 348
E-Mail: lindenbraeu@t-online.de
www.lindenbraeu.de

Öffnungszeiten
Sommeröffnungszeiten
Mitte März bis Mitte November
Montag 16–22 Uhr, Dienstag bis
Donnerstag 11–22 Uhr, Freitag
16–23 Uhr, Samstag 10–23 Uhr,
Sonntag 16–22 Uhr.
Küche jeweils bis 21 Uhr geöffnet
Winteröffnungszeiten
Mitte November bis Mitte März
Dienstag bis Donnerstag
11–22 Uhr, Samstag 10–23 Uhr,
Sonntag 16–22 Uhr, Montag
und Freitag Ruhetag
Getränkeverkauf ab Rampe
Montag bis Freitag 8–17 Uhr,
Samstag 8–12 Uhr und nach
Absprache beim Servicepersonal (während der Gasthof-
öffnungszeiten)

Der Fünf-Seidla-Steig führt an der Brauerei Lindenbräu vorbei. Inhaberin Irene Brehmer-Stockum ist eine der fünf Brauerinnen, die den Bierwanderweg ins Leben gerufen haben.

Doldenhopfen, der in Lilling (Gemeinde Gräfenberg) angebaut wird. Dieser wird im Herbst während der Hopfenernte aufgehängt und hängt das ganze Jahr (auch an der Decke).

Gerste beziehen sie von heimischen Bauern, Malz von regionalen Mälzereien, der Aromahopfen stammt aus den Anbaugebieten Hallertau, Spalt und Hersbruck. Ihrer Heimat treu geblieben ist auch Irene Brehmer-Stockum. Sie hat den Beruf Brauer und Mälzer von der Pike auf gelernt und als Bundessiegerin abgeschlossen. Nach Gesellenjahren folgte die Weiterbildung zur Brautechnikerin und Braumeisterin an der Doemens-Akademie in München-Gräfelfing. Danach machte sie noch den Betriebswirt des Handwerks als Zusatzqualifikation. Ihr Können hat sie sich auf ihren Lehr- und Wanderjahren angeeignet, die sie unter anderem zu Löwenbräu und Schmucker führten.

»Ich hab' meine Lehrzeit nicht schnurgerade nach Lehrplan absolviert«, blickt sie zufrieden zurück. Auf Anraten ihres Vaters lernte sie andere Brauereien kennen und erarbeitete sich ein breites Spektrum. Ein weiterer Grund erklärt ihre Wanderschaft: »Es fand sich damals keine Brauerei, die einem Mädchen für drei Jahre

einen Ausbildungsvertrag gegeben hätte«, erzählt sie. »Sie dachten wohl, ein Mädel, das kann nicht anpacken und bricht nach kurzer Zeit eh wieder ab.« In der Berufsschulklasse waren sie gerade mal drei Frauen.

Als sie 29 Jahre alt war, stand bei ihr zu Hause die Generationenfrage an. Sie entschied sich, die Familienbrauerei fortzuführen – mit Qualität. »Wenn ich es mache, dann muss ich mich mit der Materie auskennen und brauche gutes Personal.« Heute managt sie zusammen mit Ehemann Ralf Stockum das Büro, leitet die Produktion in der Brauerei und springt im Service und in der Küche ein, wenn Not an der Frau ist. Ende der 1990er-Jahre hat sie sich das Schnapsbrennen angeeignet. Denn zur 1900 gegründeten Brauerei gehört seit 1970 eine Brennerei. 1970 wurde das Brennrecht dazugekauft. Das Obst stammt bis heute aus eigenen Obstgärten. Schnaps und Liköre werden im Gasthof verkauft oder im »Gassenverkauf« im Brennereifachgeschäft in Hilpoltstein, das die Schwester Heidi Brehmer-Knauer leitet.

Zu Bier und Schnaps gibt es die fränkische bodenständige Küche, die zum Bild und zum gastronomischen Leben in der Region beiträgt. Und das soll auch in Zukunft so bleiben.

Ausflugstipp
Der Fünf-Seidla-Steig führt nicht zufällig direkt an der Brauerei und Gaststätte Lindenbräu vorbei. Inhaberin Irene Brehmer-Stockum ist eine der fünf Brauerinnen, die den Bierwanderweg ins Leben gerufen haben.

Am Fünf-Seidla-Steig sind beteiligt die Klosterbrauerei in Weißenohe, Brauerei Friedmann, Lindenbräu, Hofmann und Seitz aus Gräfenberg. Drei der Brauereien wurden von den Töchtern übernommen. Eines Tages saßen die Braumeisterinnen zusammen und haben sich ein Konzept ausgedacht, um etwas im Ort für den Ort zu machen – und für das herzhafte Bier.

Der zehn Kilometer lange Weg führt durch reizvolle Landschaften und bietet Wanderern das, was Franken auszeichnet: Wald- und Wiesenlandschaften im fränkischen Jura, schmackhafte Biere und exzellente Gastronomie.

Im Gasthaus an den rustikalen Holztischen wird das Bier im Glasseidel eingeschenkt (ganz oben und linke Seite).
Die Bierkrüge wurden nie gezählt. Sie waren die große Sammelleidenschaft des verstorbenen Vaters der Wirtin. Daraus wurde ein kleines privates Museum (oben).

Weißbiersuppe mit Birnenchips

Für 4 Portionen
Für die Suppe: 1 Zwiebel | 80 g Butter | 80 g Mehl | 1 l Fleischbrühe |
100 ml Birnensaft | 200 ml Lindenbräu naturtrübes Weizen |
100 ml Sahne | Salz | schwarzer Pfeffer aus der Mühle | Zucker |
Muskatnuss, frisch gerieben
Für die Birnenchips: 2 mittelgroße Birnen | 250–500 ml Maiskeimöl
zum Frittieren | Mehl | etwas Petersilie, fein gehackt

■ Für die Suppe die Zwiebel schälen und fein hacken. Die Butter
in einem Topf zerlassen und die Zwiebeln glasig anschwitzen.
Mit Mehl bestäuben und die Fleischbrühe unter Rühren angießen.
■ Birnensaft, Weizenbier und Sahne hinzufügen. Mit Salz,
Pfeffer, Zucker und Muskat würzen. Das Ganze einmal aufko-
chen lassen.
■ Für die Chips die Birnen waschen, schälen, das Kerngehäuse
entfernen und das Fruchtfleisch in feine Scheiben schneiden. Das
Öl in einer Pfanne mit hohem Rand erhitzen. Die Birnenscheiben
mehlieren und im heißen Öl frittieren. Herausnehmen und auf
Küchenpapier abtropfen lassen.
■ Die Suppe in tiefen Tellern anrichten, die Birnenchips in die
Mitte setzen und mit Petersilie bestreuen.

Schäufele mit Kloß und Lindenbräu-Vollbiersauce

Für 4 Portionen
Für die Schäufele: 2 Zwiebeln | 1 Suppengrün aus Karotte, Knollen-
sellerie und Lauch | 30 g Butterschmalz | 3 Nelken | 4 Lorbeerblätter |
etwas Kümmelsamen | 4 mittelgroße, vom Metzger portionierte
Schäufele | Salz | schwarzer Pfeffer aus der Mühle | 250 ml Lindenbräu-
Vollbier dunkel | 3–4 EL Saucenbinder
Für die Knödel: 1 Packung Kloßteig nach Belieben | einige geröstete
Weißbrotwürfel

■ Den Backofen auf 180–200 °C vorheizen.
■ Die Zwiebeln schälen und in walnussgroße Stücke schneiden.
Das Suppengrün putzen bzw. schälen, waschen und ebenfalls in
etwa walnussgroße Stücke schneiden.
■ Das Butterschmalz in einem Bräter zerlassen. Das Gemüse hinzufügen, ebenso Nelken, Lorbeerblätter
und Kümmel.
■ Die Schäufele mit Salz und Pfeffer
würzen und auf das Gemüse setzen. Den
Bräter in den heißen Ofen geben. Nach
etwa einer halben Stunde mit 1 l Wasser
aufgießen und das Fleisch weitere
2 Stunden garen. Ab und zu prüfen, ob
genügend Wasser im Bräter ist. Bei Bedarf Wasser nachgießen.

■ In der Zwischenzeit die Knödel formen
und dabei in die Mitte einige geröstete
Weißbrotwürfel geben. Reichlich Salzwasser zum Kochen bringen und die Knödel 20 Minuten sieden lassen.
■ Sobald die Schäufele gar sind, aus dem
Bräter nehmen. Die Backofenhitze auf
100 °C reduzieren. Die Schäufele auf einen Teller legen und im
Ofen warm halten.
■ Die Sauce aus dem Bräter durch ein Sieb in einen Topf passieren, das Bier hinzufügen, nochmals aufkochen lassen und mit
etwas Saucenbinder binden. Mit dem Schäufele servieren.

25

Das Forsthaus im Spessart

Gabi Ballmann im Gasthaus Forsthaus Echterspfahl
in Weibersbrunn

Adresse
Eckerspfahl 1
Staatsstraße 2312
63879 Weibersbrunn
Telefon: +49 6094 326
E-Mail: echterspfahl@aol.com
www.forsthaus-echterspfahl.de

Öffnungszeiten
Montag 11–14 Uhr
Dienstag Ruhetag
Mittwoch bis Freitag ganztägig
geöffnet, durchgehend warme
Küche von 12–19.30 Uhr
Samstag und Sonntag ab 10 Uhr
durchgehend

Ohne sie würde dem Lebensraum Spessart ein zentrales
Element fehlen. Gabi Ballmann sorgt immer für die richtige
Mischung und bringt virtuos verschiedene Geschmacks-
richtungen in die Balance.

Der »Echterspfahl« steht an einem markanten Schnittpunkt, an dem
sich schon immer wichtige Wege kreuzten. Heute kreuzen im Forsthaus die verschiedensten Gäste auf: Förster und Waldarbeiter gehen
ein und aus, ebenso Geschäftsleute aus der Stadt. An den Tischen
sitzen Gruppen und Paare, die in der rustikalen Umgebung fein
tafeln möchten, und es kommen Fuß- und Radwanderer, die gerne
deftig vespern.

Geschmackliche Unterschiede ergeben sich auch durch die spannende Grenzlage zwischen Franken und Hessen. Die Vorlieben sind
eben verschieden: In der Küche werden sie harmonisiert von einer
Köchin, die für »kontrastreiche Gäste« eine »kontrastreiche Speisekarte« bietet. Während ihre fränkischen Gäste den Tafelspitz mit
Meerrettich mögen, serviert sie ihn am selben Abend ihren Gästen
aus Hessen auch mit grüner Sauce. Der fränkische Gast bekommt
Nudeln zum Tafelspitz, der hessische Gast Kartoffeln. Was andere
vielleicht nervös machen würde, ist für Gabi Ballmann die Inspirati-
onsquelle. Das spannende Grenzterrain ausloten, Gegensätze in Behaglichkeit umwandeln – das kann die gelernte Drogistin.

Sie ist eine Geschmacksmentorin, als Drogistin wie als Köchin.
»Man braucht ein Gespür für das, was zusammenpasst«, bringt sie
ihre Küchenphilosophie auf den Punkt. Im Umgang mit raffinierten
Zutaten und Kräutermischungen ist sie geübt. »Ob für die innere
Zuführung oder als Gesichtscreme – die Harmonie muss stimmen«,
sagt sie. Mit diesem ausgleichenden Charakterzug brät, grillt und

Anklang an die Jagdtradition des
Hauses: Die Geweihe zeugen von
der Jagdleidenschaft des Großvaters und des Onkels der Wirtin.

Der Name Echterspfahl geht auf die Sage der drei Brüder aus dem Rittergeschlecht der »Echter« zurück, die sich dem Raubrittertum verschrieben hatten (ganz oben). Das rustikale Ambiente ist bei Wanderern und Ausflüglern aus dem weiten Umland beliebt (oben).

verfeinert sie, schmeckt gewürzreich ab, die meisten Kräuter pflückt sie im eigenen Garten. Ringelblume, verschiedene Minzesorten, Schnittlauch, Wacholder, Thymian, Kümmel – jedes Kraut und jedes Gewürz bringt Geschmack und bunte Lebendigkeit.

Gabi Ballmann will in ihrer Küche die Lebensmittel unverfälscht wiedergeben, »keine Gleichmacher-Küche« wie sie es nennt. Darum behandelt sie Zutaten »artgerecht« und achtet auf das verfeinernde Maß der Dinge. »Viele Kräuter verwende ich frisch, einige jedoch entfalten ihren Geschmack erst nach dem Trocknen«, meint sie. Sie legt das Fleisch nicht ein, »weil man ihm dadurch den Eigengeschmack nimmt«, wie sie erklärt. Auch Kürbis bereitet sie unterschiedlich zu. »Ich muss Butterkürbis anders machen als Hokkaido.« Der einen Kürbissorte verpasst sie eine fein abgestimmte Muskatnote, die andere stattet sie mit einer Grundlage aus Ingwer und Chili aus. Und aus der dritten Sorte zaubert sie ein »Apfel-Karotte-Knofi-Chili-Kürbis-Relish«. Kein »Schema F« also, keine »F«ertigprodukte, denn, sagt sie: »Wer etwas aus dem Päckchen einsetzt, entwertet das Lebensmittel.«

Sie ist eine Chefin, der es schwerfällt, nichts zu tun. Am Morgen geht sie als Erstes mit ihren Hunden Cora und Kimba los. Wenn das Telefon klingelt, zückt sie weder Zettel noch Stift: Ihre Bestellungen hat sie im Kopf, den Anrufer kann sie mühelos dem entsprechenden Sachverhalt zuordnen. »Meine Mitarbeiter schreiben mir zwar Zettel, aber ich verlasse mich meistens auf mein Gedächtnis.«

Gabi Ballmann ist im Spessart aufgewachsen und hat bis auf wenige Jahre in der Maingegend nie woanders gelebt. Ihr sind die Besonderheiten vertraut, die ein Leben mitten im Wald mit sich bringt. 2004 hat sie in Erwägung gezogen, das Gasthaus zu schließen. Die Wasser- und Abwasserleitungen waren veraltet, ihre Kinder wollten nicht mitziehen. »Der damalige Bürgermeister hat gesagt, die Gabi darf nicht zumachen«, erinnert sie sich. Der Echterspfahl ist wichtig für die Region. »Ich habe mich fürs Weitermachen entschieden, um die Substanz zu erhalten«, so ihr Resümee. Bis heute ist die Jägervergangenheit ihres Großvaters und Onkels in der rustikalen Dekoration der Gaststube sichtbar. Gabi Ballmann besitzt keinen Jagdschein. Sie »jagt« lieber den nächsten Ideen für Kräutermischungen hinterher und bringt frisches Grün für die Tischdekoration von draußen mit.

Ausflugstipps

Zahlreiche Museen in der Gegend erinnern an historisches Handwerk: Köhler, Töpfer, Eisenhämmer, Glashütten, Bergwerke. In Lohr am Main werden die Geschichte der Glas- und Spiegelmanufakturen sowie Schmiede- und Gießereiprodukte dargestellt. Im Schloss Spessartmuseum finden sich Zeugnisse alter Handwerkszünfte. Das Biebergrundmuseum in Biebergemünd zeigt die Bergwerkshistorie. In der Nähe liegt das Wasserschloss Mespelbrunn, der ehemalige Wohnsitz des Geschlechts der Echter. Es ist teilweise als Museum eingerichtet. Ferner lassen sich beim Besuch des naturkundlichen Museums in Aschaffenburg »Schönborner Hof« die Mineralogie und Geologie der Gegend studieren.

In Weibersbrunn im alten Schwesternhaus ist die Entstehung der Gemeinde zu sehen, die rund um eine Glasfabrik der Mainzer Kurfürsten entstanden ist. Führungen zu dieser alten Weibersbrunner Glasmanufaktur, die mit Mondglas zu Weltruhm gelangte, auf Anfrage bei der Gemeinde.

Der Großvater von Gabi Ballmann war Jäger. Der ausgestopfte Fuchs in einer Fensternische ist eine Reminiszenz an seine Leidenschaft.

Maronencremesüppchen mit Sahnehaube

Für 4 Portionen
1 Knoblauchzehe | 1 kleine Karotte | 1 Stück Knollensellerie |
1 Stange Lauch | 2 EL Butter | 4 Scheiben frischer Ingwer, geschält |
200 g Maronen (Vakuum) | 800 ml Gemüsebrühe | Salz | schwarzer
Pfeffer aus der Mühle | Sahne | Zimtpulver
Außerdem: geschlagene Sahne, Ringelblumenblüten und Zimtstangensplitter zum Garnieren

■ Die Knoblauchzehe schälen und fein hacken. Die Karotte und den Sellerie schälen und in kleine Würfel schneiden. Den Lauch putzen, waschen und in feine Ringe schneiden.

- Die Butter in einem Topf zerlassen und den Knoblauch glasig anschwitzen. Karotten, Sellerie, Lauch und Ingwer hinzufügen und ebenfalls anschwitzen. Die Maronen dazugeben. Mit der Brühe ablöschen und 30 Minuten bei niedriger Hitze köcheln lassen.
- Anschließend mit dem Stabmixer pürieren und mit Salz und Pfeffer würzen. Mit einem Schuss Sahne und etwas Zimt verfeinern und in tiefen Tellern anrichten. Mit einem Klecks Sahne, einer Ringelblumenblüte und Zimtstangensplittern garnieren.

Gebratene Gänsebrust

Für 4 Portionen
Für die Gänsebrust: 2 Stück Gänsebrust | Salz | schwarzer Pfeffer aus der Mühle | 1 Bio-Orange | 1 Apfel | 1 Stück Ingwer, geschält, in Scheiben geschnitten | Salbei | Beifuß | Majoran
Für die Sauce: 1 Karotte | 1 Stück Knollensellerie | 1 mittelgroße Zwiebel | 1 Stück Lauch | 2 EL Rapsöl | 1 TL Puderzucker |
250 ml Rotwein | 500 ml Hühnerbrühe | Salz | schwarzer Pfeffer aus der Mühle | 2 EL Speisestärke | Zartbitterschokolade

- Den Backofen auf 160 °C vorheizen.
- Die Gänsebrüste mit Salz und Pfeffer würzen und zusammen mit einer in Scheiben geschnitten Orange, dem halbierten Apfel, Ingwer, Salbei, Beifuß und Majoran mit der Hautseite nach oben auf ein Blech legen und etwa 1½ Stunden im heißen Ofen braten. Zwischendurch mit etwas heißem Wasser ablöschen.

■ In der Zwischenzeit Karotte, Knollensellerie und Zwiebel schälen und in kleine Würfel schneiden. Den Lauch sorgfältig waschen und in Ringe schneiden. Das Öl in einem Topf erhitzen und das Gemüse anbraten. Mit Puderzucker bestäuben und karamellisieren lassen. Mit dem Rotwein ablöschen und reduzieren. Die Hühnerbrühe angießen und 30 Minuten köcheln lassen.

■ Sobald die Gänsebrüste gar sind, den gesamten Bratenfond zum Gemüse geben.

■ Den Saucenansatz nochmals aufkochen lassen und mit Salz und Pfeffer würzen. Das Ganze durch ein Sieb passieren und die Sauce mit der in 2 EL kaltem Wasser angerührten Speisestärke binden. Das Schokoladenstück dazuraspeln.

■ Die Backofentemperatur auf 180 °C erhöhen und die Gänsebrüste vor dem Servieren auf der Fleischseite knusprig bräunen. Zum Servieren in Scheiben schneiden.

Dazu serviert Gabi Ballmann Kartoffelklöße und Rotkohl.

26

Ein Zentrum guter Küche im Herzen Europas

Maria, Tanja und Iris Fleckenstein im Gasthaus Zum Hasen in Sommerkahl

Adresse
Kestweg 3
63825 Sommerkahl
Telefon: +49 6024 9316
(Reservierungen telefonisch
erbeten)
www.hasen-sommerkahl.de

Öffnungszeiten
Dienstag bis Donnerstag
15 Uhr–Mitternacht
Sonn- und Feiertage 16–1 Uhr

Warme Küche: Dienstag bis
Samstag 12–14 Uhr und
18–22 Uhr
Sonn- und Feiertage 16–22 Uhr
Für Familienfeiern und Gesell-
schaften ab 25 Personen ist auf
Wunsch und nach Vorbestellung
an Sonn- und Feiertagen zur
Mittagszeit geöffnet.

Man unternimmt zwar nicht die buchstäbliche Reise zum Mittelpunkt der Erde, wohl aber ist man dem geografischen Mittelpunkt Europas im Gasthaus Zum Hasen sehr nahe. Vor allem landet man bei den Hasenwirtinnen Tanja, Iris und Maria Fleckenstein im Zentrum der guten Küche.

Im dünn besiedelten nordwestlichen Spessart fühlt man sich eher am Ende der Welt als mitten in Europas. Doch stößt der Besucher hier gleich auf zwei Zentren: Nur sieben Kilometer entfernt in der Gemeinde Westerngrund liegt das geografische Zentrum Europas. Und im kleinen Örtchen Sommerkahl, wo Hase und Igel sich Gute Nacht sagen, befindet sich der Lebensmittelpunkt von Familie Fleckenstein, das Gasthaus Zum Hasen.

Mutter Maria erinnert sich lebhaft an Zeiten, als frisch gezapftes Fassbier nur zu festlichen Anlässen ausgeschenkt wurde und Bratwürste etwas Besonderes waren. »Die Männer haben ihren Schoppen Flaschenbier getrunken, gekocht wurde nicht, es gab Hausmacherwurst«, sagt sie. Die Zeit mag vieles neu ordnen, doch bis heute stehen in dem Familienbetrieb alle zusammen. Der Vater Karl-Peter Fleckenstein widmet sich der Destillierkunst und brennt nach traditionellem Verfahren holzbeheizt heimische Früchte, größtenteils aus eigenem Anbau. Mutter Maria und die Töchter Tanja und Iris sind die Expertinnen am Herd. Tanja hat Koch gelernt, Iris Hotelfachfrau.

Es ist das Ziel der Hasenwirtinnen, aus einfachen Produkten das Beste zu machen. Tanja glaubt an das Nebeneinander aus bürgerlicher und kreativer Küche. Sie begeistert mit Schnitzel und

In Küche und Service führen die Frauen das Regiment (auf der linken Seite von links nach rechts: Maria, Tanja und Iris), die Destillierkunst, z. B. für das »Stollenwasser«, obliegt Karl Peter Fleckenstein.

Der »Hasen« ist der gastronomische Mittelpunkt in Sommerkahl. Der geografische
Mittelpunkt Europas liegt nur
wenige Kilometer entfernt.

Braten und schert in der Kürbissaison kreativ aus zu Kürbis-Pan-
na-cotta und Kürbissuppe aus dem Glas. Vielseitigkeit entspricht
ihrem Wesen. Wer auf ihre Empfehlungen eingeht, entdeckt Forel-
lentatar mit Panna cotta an grüner Sauce oder feiert seine Hochzeit
mit Sushi und Sauerbraten. »Ich bin glücklich, wenn ich außerhalb
des Üblichen etwas machen kann«, freut sich Tanja, die fast alles
probiert. Nur beim Braten läuft »ganz klar alles nach den Rezepten der Mutter« und deren alter Kochkunst. Sie ist die solide Basis.

Zwischen den Generationen herrscht eine Atmosphäre der Un-
gezwungenheit. Das überträgt sich auf die Gaststube: »Mir gefällt
es, wenn Alt und Jung am Tisch beisammensitzen, das spiegelt sich
auf der Karte wieder: traditionell und modern«, sagt Tanja und zeigt
in den Raum, der seit 1860 existiert. Schwere Holztische, eine alte
Bar mit Bierkrügen und Weingläsern machen die oft zitierte und
manchmal nostalgisch verklärte »gute alte Zeit« spürbar.

Im geschichtsträchtigen Ambiente genießt der Gast eine moderne, gänzlich unverstellte und frische Küche. Tanja Fleckenstein
sagt nein zu gleichförmiger Convenienceküche, und sie lässt die
Finger von Fleisch, das um die halbe Welt geflogen ist. Die Gänse,
die es zu St. Martin gibt, schnattern während des Sommers ums
Haus herum. Rotkohl legt sie selbst ein, alte Gemüsesorten erleben
eine Renaissance.

Hase oder Kaninchen sucht der Gast im Gasthaus Zum Hasen vergeblich. »Woher der Name kommt, ist nicht geklärt«, wundert sich Tanja Fleckenstein. Im Saal, der bis zu 120 Personen Platz bietet, war früher die örtliche Kirche untergebracht, danach ein Möbelhaus. Die Bühne diente einst Theatergruppen als Auftrittsort. Und der örtliche Kleintierzuchtverein hat hier seine Hasen- und Taubenausstellungen abgehalten. Doch das erkläre nicht die Namensgebung, sagt Tanja Fleckenstein. »Die Gaststätte hieß schon davor ›Zum Hasen‹«. Auch ein zum Hasen passender Karottenbrand ist nicht auf der Karte, da die Karotte zu wenig Zuckergehalt für einen Schnaps enthält. Dafür ist der eigene Kahlgründer Apfelwein bekannt bis nach Frankfurt, wo er bis 2005 in Lokalen aus dem Holzfass ausgeschenkt wurde. Heute strömen Gäste aus den urbanen Zentren Offenbach und Frankfurt ins Zentrum Europas, um den Apfelwein zu kaufen und um bei den Hasenwirtinnen im Zentrum des guten Geschmacks zu speisen.

Ausflugstipps

Einen Eindruck davon, wie es »unter Tage« aussieht, erhält man beim Besuch des Besucherkupferbergwerks Grube Wilhelmine (bergwerk-im-spessart.de). Führungen sind von April bis Oktober nach Voranmeldung beim Bergwerksverein möglich. Bei einem Spaziergang rund um die »Wilhelmine« lässt sich die schöne Spessartlandschaft erkunden.

»Der Mittelpunkt Europas«: Je nachdem, mit welchem Verfahren gemessen und wo die Grenze zwischen Europa und Asien gezogen wird, lassen sich verschiedene geografische Mittelpunkte Europas messen.

Als aktueller, geografischer Mittelpunkt der Europäischen Union galt seit Juli 2013 die Schulzengrundstraße im unterfränkischen Westerngrund-Oberwestern. Das hat sich im Januar 2014 noch einmal um wenige 100 Meter geändert, da die französische Insel Mayotte in die EU einbezogen worden ist. Der EU-Mittelpunkt liegt nun bei Oberwestern. Im sechs Kilometer entfernten Sommerkahl ist man also dem Mittelpunkt der EU ganz nah; auf dem EU-Mittelpunktweg kann man eine Wanderung dorthin unternehmen.

Schön ist es im Wildpark Bächlesgrund in Heigenbrücken und zur Sommerzeit im Naturerlebnisbad mit Wohnmobilstellplatz in Schöllkrippen. Immer empfehlenswert ist ein Spaziergang durch die malerischen Kahl-Auen.

Die Brennblase ist nach mehrmaligen Modernisierungen rund 40 Jahre alt und wird noch von Hand mit Holz befeuert. In der Brennerei wird hauptsächlich Obst von heimischen Streuobstwiesen gebrannt (ganz oben). Eine vor rund 50 Jahren zugemauerte Fensternische im großen Saal, die von einem Sommerkahler Maler 1980 mit einem Blumenmotiv gestaltet wurde (oben).

Presskopf im Kartoffelmantel mit Kräuterquark

Für 4 Portionen

Für den Presskopf: 600 g festkochende Kartoffeln | 2 Eigelbe | Salz | schwarzer Pfeffer aus der Mühle | Muskat, frisch gerieben | 2 EL Mehl | Rapsöl | 4 Scheiben Presskopf, 1 cm dick

Für den Kräuterquark: 400 g Speisequark (20 %) | Kräuterblätter von Petersilie, Estragon und Dill, fein gehackt | ½ Bund Schnittlauch, in Röllchen geschnitten | 1 Knoblauchzehe, geschält und fein gehackt | Salz | schwarzer Pfeffer aus der Mühle | 2 EL Milch/Sahne

■ Für den Kartoffelmantel die Kartoffeln schälen und grob raspeln. Dann leicht ausdrücken, das Stärkewasser auffangen und beiseitestellen, damit die Stärke sich absetzen kann.

■ Die Eigelbe zur Kartoffelmasse geben und mit Salz, Pfeffer und Muskat würzen. Das Mehl und die Stärke hinzufügen und das Ganze sorgfältig miteinander vermengen.

■ Den Backofen auf 180 °C erhitzen.

■ Etwas Rapsöl in einer Pfanne erhitzen und Kartoffelmasse für vier Kartoffelpuffer im Durchmesser der Presskopfscheiben hineingeben. Die Presskopfscheiben daraufsetzen und mit der restlichen Kartoffelmasse bedecken. Sobald die Unterseite leicht gebräunt ist, wenden und kurz die andere Seite bräunen. Anschließend herausnehmen, auf ein Backblech geben und im heißen Backofen in etwa 10 Minuten fertig garen. Herausnehmen und auf Küchenpapier abtropfen lassen.

■ Für den Kräuterquark den Quark mit den Kräutern und dem Knoblauch vermengen und mit Salz und Pfeffer würzen. Mit der Milch oder der Sahne glatt rühren. Als Garnitur eignet sich Blattsalat in einer Essig-Öl-Vinaigrette.

Kartoffel-Ziegenkäse-Türmchen mit Honignüssen und Blattsalat

Für 4 Portionen
Für die Kartoffel-Ziegenkäse-Türmchen: 600 g festkochende Kartoffeln | 2 Eigelbe | Salz | schwarzer Pfeffer aus der Mühle | Muskat, frisch gerieben | 2 EL Mehl | Rapsöl | 400 g Ziegenkäse (Frischkäse oder Camembert) | 100 g gemischte Nüsse (Macadamianüsse, Haselnüsse, Walnüsse, Pecannüsse usw.) | flüssiger Wald- oder Blütenhonig
Für den Blattsalat: Blattsalat nach Belieben | 1 Orange, Saft | ½ TL Salz, mit schwarzem Pfeffer aus der Mühle vermischt | 1 TL Zucker | 2 EL Aceto balsamico bianco | 3–4 EL Walnussöl

■ Die Kartoffeln schälen und grob raspeln. Anschließend leicht ausdrücken, das Stärkewasser auffangen und beiseitestellen. Die Eigelbe zur Kartoffelmasse geben und mit Salz, Pfeffer und Muskat würzen. Das Mehl und die Stärke hinzufügen.
■ Den Backofen auf 160 °C erhitzen. Etwas Rapsöl in einer Pfanne erhitzen und acht kleine Kartoffelpfannkuchen ausbacken. Sie sollten einen etwas größeren Durchmesser haben als der Ziegenkäse.
■ Den Käse jeweils auf die Pfannkuchen setzen und im heißen Backofen 10–15 Minuten erwärmen. In der Zwischenzeit die Nüsse in einer Pfanne ohne Fett leicht anrösten.
■ Den Blattsalat putzen, waschen und trocken schleudern. Eine Vinaigrette aus Orangensaft, Salz mit Pfeffer, Zucker, Aceto balsamico bianco und Walnussöl herstellen und mit dem Blattsalat vermengen.
■ Die Kartoffel-Ziegenkäse-Türmchen auf den Tellern verteilen und jeweils einen zweiten Kartoffelpfannkuchen daraufsetzen.
■ Mit den Nüssen umstreuen und mit Honig beträufeln. Mit dem Salat garnieren.

27

Grenzenloser Forellen-genuss an der alten Grenzstation

Marlene Schmidt in der Gaststätte Rhönhäuschen
in Bischofsheim

Adresse
Rhönhaus 1
97653 Bischofsheim/Rhön
Telefon: +49 9772 322
E-Mail: info@rhoenhaeuschen.de
www.rhoenhaeuschen.de

Öffnungszeiten
Täglich geöffnet 11–23 Uhr
Küche 11.30–20 Uhr
Um Tischreservierung
wird gebeten

Um das Rhönhäuschen kommt man nicht herum: Früher nicht, weil am ehemaligen Zollhäuschen ein Halt obligatorisch war; heute nicht, weil man bei Marlene Schmidt einfach einkehren muss, um sich an den schönen Forellengerichten zu laben.

Auf knapp 765 Höhenmetern fangfrische Forellen – das klingt ungewöhnlich, sind doch Fische eher in Bächen, Flüssen und Seen in Tallagen zu Hause. Doch hier gehören die Forellen zur jahrhundertealten Geschichte des ehemaligen Zollhauses, das Marlene Schmidt 1982 vom Vater übernahm und von einer »nur bewirtschafteten Hütte« in ein gemütliches Hotel mit anspruchsvoller Küche verwandelte. Zu den Spezialitäten zählen seit eh und je die Rhönforellen, die sich in Außenteichen in frischem Quellwasser tummeln, was ihren ganz besonderen Geschmack erklärt. »Vom Ulstertal in Hessen wurden einst Forellen zu den reichen vornehmen Herrschaften nach Bad Kissingen gebracht, und hier wurden sie ausgelesen, denn nur die großen stattlichen Exemplare waren dort erwünscht«, zitiert Marlene Schmidt aus der Chronik, die noch andere Besonderheiten aufweist: Einst hießen sie Steinforellen; heute stehen sie als Rhönforellen auf der Speisekarte. Einst machten sich von hier edle Forellen auf die Reise zu edlen Tischgesellschaften in Bad Kissingen; heute kommen Gäste aus Bad Kissingen, um im Rhönhäuschen Forellen zu essen.

Von der »gebläuten Forelle« schwärmten Gäste, die sich in den voluminösen Gästebüchern von Marlene Schmidt verewigt haben, schon Mitte der 1980er-Jahre. Serviert wird der Klassiker für Paare und größere Gruppen mit feinen Durchbruchschalen aus Silber,

Die Fassade der ehemaligen Grenzstation zwischen dem Königreich Bayern und dem Königreich Preußen wurde mit Eichenholzschindeln verkleidet. Holzschindeln gehen auf das 13. Jahrhundert zurück, als sie zum Wetterschutz an den Häusern angebracht wurden.

aus denen sich der Gast nach Belieben auch mit Sahnemeerrettich, Zitrone und Butter für die heiß dampfende Forellenhaut bedienen kann. Für besondere Anlässe liegen sehr schöne Leinentischdecken aus alten Beständen auf den Tischen. Die »Urstube«, die ehemals Jagdstube hieß, macht ihrem Namen alle Ehre.

Elegant, vornehm, jedoch nicht steif ist die Atmosphäre in der Gaststube mit Kachelofen und offenem Kamin, die liebevoll ausgestattet ist mit frischen Blumen und Antiquitäten aus dem Fundus des Vorbesitzers, der Antiquitätenhändler war. Mit dem Rhönhäuschen eng verknüpft sind Gefühle wie »Reinkommen«, »wie zu Hause sein« und »Kommunikation auf Augenhöhe«. Die persönliche Ansprache des Gastes ist das Markenzeichen von Marlene Schmidt: »Es menschelt bei uns«, sagt sie dazu.

Die Angebote auf der Karte machen einem die Entscheidung nicht leicht. Auch in den Menüs stimmt alles. Eine Urkunde für »besondere Verdienste um die Erhaltung und Förderung der bayerischen Wirtshauskultur« des Staatsministeriums hängt in einem Glasrahmen an der Wand. »In der Gastronomie darf man nicht unter Druck stehen«, sagt die gelernte Bankkauffrau, für die das Rhönhaus das Zuhause ist. Hier kann sie selbstständig sein und jeden Tag neuen Menschen begegnen. In der Stadt sei das Umfeld begrenzt, hier ist es offener. So einsam wie früher ist das Haus zwar nicht mehr, aber mindestens noch genauso schön gelegen im Biosphärenreservat Rhön.

Die Geschichte des Rhönhäuschens soll auf das 15. Jahrhundert zurückgehen. Einst verlief hier die Grenze zwischen Bayern und Preußen. Es war kein Ort für »Rast, Ruh und Wiederkehr«, sondern hier kämpften preußische und bayerische Truppen gegeneinander. 1837 verband die bedeutende Staatsstraße die Strecken Würzburg-Meiningen und Frankfurt-Leipzig. Die Zollhaus-Grenzstation war Wachhäuschen und Straßenwärterhaus für

Die Schalen aus Sterlingsilber gehören dazu, wenn Forellen für mehrere Personen auf den Tisch kommen (ganz oben). Der Raum mit den rot-weißen Fliesen und dem Kachelofen war einst die ursprüngliche alte Gaststube (oben).

bayerische Beamte und gehörte bis 1956 dem Staat. Der Wärter erhielt eines Tages das Recht, sein mageres Salär aufzubessern, indem er Wanderern und Fuhrleuten ein Bier und einen »Labetrunk« reichte. »Und mancher Wanderer nahm ein Käsbrot dazu und trank einen Rhönschnaps«, ist in der Chronik zu lesen. Erst 2009 wurde das Haus an das Stromnetz angeschlossen und hat bis heute eine eigene Wasserversorgung hinter dem Haus. Im frischen Quellwasser des »höhnischen Brunnens« werden bis heute die Forellen gewässert. Diese Frische schmeckt man ihnen an.

Die alte Gaststube ist heute ein Ort für Rast, Ruh und Wiederkehr. Vom Staatsministerium erhielt das Rhönhäuschen eine Auszeichnung für »besondere Verdienste um die Erhaltung und Förderung der bayerischen Wirtshauskultur«.

Ausflugstipps

Grüne Matten, dunkle Moore: Das Rote Moor ist ein Hochmoor auf den Hochebenen der Rhön. Mit einer Größe von etwa 50 Hektar Gesamtfläche ist das Rote Moor nach dem Schwarzen Moor das zweitgrößte Hochmoor der Rhön und gleichzeitig das größte Hochmoor in Hessen. Das Rote Moor liegt auf einer Höhe von 800 bis 830 Metern über dem Meeresspiegel und ist ein beliebtes Ausflugs-

Die »gebläute Forelle« wird im Gästebuch schon Mitte der 1980er-Jahre erwähnt. Die Forellen werden in frischem Quellwasser gewässert. Das Rhönhäuschen, das erst 2009 an das Stromnetz angeschlossen wurde, verfügt über eine eigene Wasserversorgung.

ziel in der Rhön, insbesondere für Wanderer im Sommer und Skilangläufer im Winter. Aufgrund seiner einzigartigen Natur ist das Rote Moor ein sehr wichtiger Bestandteil des Unesco-Biosphärenreservates Rhön. Der Basaltsee am steinernen Haus bei Ginolfs an der Rhön ist bei der Renaturierung eines Basaltsteinbruchs entstanden und heute ein Kleinod für Fauna und Flora im vulkanisch geprägten Mittelgebirge.

Weitere Tipps: Segelflugmuseum auf der Wasserkuppe, Freilichtmuseum Fladungen, Orgelbaumuseum Ostheim, Schlosstheater Fulda und der Hochwildschutzpark Gersfeld.

Forelle blau

»Die Forelle ist ein wunderbarer Fisch«, sagt Marlene Schmidt, »und am besten schmeckt sie, wenn sie ganz frisch aus dem leicht säuerlichen Quellwasser kommt.« Wichtig ist auch ein gutes Verhältnis zum Fischhändler. Zum Kochen braucht man einen Topf, in den die Forelle hineinpasst. Am besten eignet sich ein ovaler Topf mit einem Siebeinsatz. Hat man diesen nicht, so kann man die Forelle an Kopf und Schwanz auch zusammenbinden.

Für 2 Portionen
½ dünne Stange Lauch | 1–2 kleine Karotten | ca. 130 g Knollensellerie | 2 kleine Zwiebeln | 2–3 Lorbeerblätter | 2 Petersilienstängel | 5–6 Wacholderbeeren | 2 Nelken | Salz | 5–6 schwarze Pfefferkörner | 250 ml Weißwein | 80 ml Weinessig | 2 Forellen (je 300–350 g)

- Für den Fischsud in den Topf je nach Größe 2–3 l Wasser füllen.
- Den Lauch putzen, waschen und längs halbieren. Die Karotten schälen und halbieren. Den Sellerie schälen und in Würfel schneiden. Die Zwiebeln schälen und vierteln. Das Gemüse in das vorbereitete Wasser geben, ebenso die Petersilienstängel und Gewürze sowie Weißwein und Weinessig. Den Sud nun erhitzen, er sollte heiß sein, jedoch nicht kochen.
- Die Forellen sorgfältig, jedoch nur kurz waschen (wenn man zu viel von der äußeren Schleimschicht abwäscht, wird die Forelle später nicht blau). Die Fische in den Sud legen und 8–10 Minuten ziehen lassen. Die Forellen sind gar, wenn sich die Rückenflosse bei leichtem Ziehen lösen lässt.

Marlene Schmidt serviert zur Forelle Salzkartoffeln und Sahnemeerrettich, frische oder zerlassene Butter, dazu Zitronenachtel. Ein Schoppen fränkischer Weißwein, z. B. Silvaner, sollte nicht fehlen.
Wichtig: Eine frische Forelle erkennt man daran, dass sie beim Kochen seitlich am Bauch einreißt und sich etwas verdreht. Eine glatt auf dem Teller liegende Forelle ist nicht frisch oder war eingefroren.

28

Kochen und töpfern in Maßarbeit

Barbara Zehender im Restaurant Der Weingarten
in Ebern-Jesserndorf

Adresse
Dorfplatz 6
96106 Ebern-Jesserndorf
Telefon: +49 9531 8895
Fax: +49 9531 5691
E-Mail: sz@derweingarten.com
www.derweingarten.com

Öffnungszeiten
Donnerstag bis Sonntag
ab 17 Uhr;
für Gruppen, private Feiern
oder Veranstaltungen nach
Vereinbarung

Mit dem »Weingarten« pflanzt Barbara Zehender Leben und Farbe in die ländlich gelegenen Haßberge: Das Restaurant ist ein mediterran angehauchter Genuss- und Lebensraum, Kunstatelier und ein Ort, um die Seele in Ferien zu schicken.

Aus einem Osterzweig wurde die prächtige Korkenzieherweide, die wie ein Wahrzeichen mitten im Hof steht: Aus einem dünnen, unbedeutenden »Steckele« wurde ein unerschütterliches Gewächs, das seit 25 Jahren fest mit dem Untergrund verwurzelt ist. Wurzeln haben auch Barbara Zehender und ihr Mann Günter Stahlhacke geschlagen. Der 250 Jahre alte Hof ist ihr Refugium: Im Fachwerkhaus sind Keramikwerkstatt und Atelier der gelernten Töpferin untergebracht, daran angegliedert ist ein kleiner Laden mit Kunsthandwerk, Gourmetkost und Wein. Die ehemalige Backstube hat Barbara Zehender zum Gastraum umfunktioniert. Ist es warm genug, spielt sich alles draußen in der Sommerwirtschaft im Hof ab. Bei kalten Temperaturen ist die Winterwirtschaft ein behaglicher Ort. Man spürt die Anwesenheit von Kunst und Kreativität an der Art, wie die Tassen und Aschenbecher aus der eigenen Keramikwerkstatt auf den Tischen platziert sind. Ein Hauch von Nonchalance und eine unaufdringliche mediterrane Leichtigkeit zeichnen den Platz aus – und das im richtigen Maß.

Die Küche im »Weingarten« ist bewusst hiesig, gekonnt bodenständig und regional in Anführungszeichen: »Wir kochen, was jahreszeitlich passt«, beschreibt Barbara Zehender ihren Schwerpunkt. Ans Kochen hat sie sich langsam herangetastet, hat zunächst auf Weinreisen durch halb Europa in die Küchen anderer Restaurants »gespickelt« und unter Topfdeckel und Bräterhauben gelinst, bevor sie ihr Kochwissen mit einem offiziellen Kochkurs veredelt

Das ungeschnörkelte Savoir-vivre gefällt den Gästen im Weingarten. Der gebürtigen Pfälzerin Barbara Zehender gefiel der 250 Jahre alte Hof so gut, dass sie im Fränkischen heimisch wurde.

In den ungeschminkt schönen und stilvollen Räumen drückt sich die Lebensart von Barbara Zehender und ihrem Mann Günter Stahlhacke aus.

hat. Das lebenslange Lernen hört nie auf, wenn sie an den Saucen feilt, die Vorarbeit in der Küche einteilt und die Karte gestaltet. Für 35 Personen zu kochen, das haben sie und ihr Mann von der Pike auf gelernt – mit dem Gespür für das rechte Maß am Herd. »Am Anfang habe ich bei jedem Teller noch gezittert«, gesteht Barbara Zehender, die das einstige Hobby zur Profession gemacht und sich inzwischen die volle Bandbreite des Kochberufs erarbeitet hat.

Wie kommt eine Kurpfälzerin hierher ins fränkische »Outback«, in ein Kleinod, wo die Entschleunigung gratis ist? »Auf der Suche nach etwas Altem, von purem Idealismus getrieben, hat es uns hierher verschlagen«, eröffnet Barbara Zehender ihre Biografie. Die Lehre machte sie in Landshut, dort besuchte sie auch die Fachschule. Die Gesellenjahre verbrachte sie auf Sylt. Anschließend lebte sie im Fichtelgebirge in einer Hofgemeinschaft. »Es war eine bewegte Zeit«, erinnert sie sich. Auf Sylt inspirierte sie eine Töpferei mit angeschlossenem Café und Restaurant: »Das fand ich toll, so was wollte ich auch.« Den Traum, Töpferei und Kulinarik zu verbinden und selbstständig zu arbeiten, den hatte sie immer schon.

Heute weiß sie, wie verwandt beide Bereiche sind: »Wenn ich von der Werkstatt in die Küche wechsle, tausche ich nur den kreativen Untergrund, aber ich beackere hier wie da ein breites Feld der Transformation.« Das handwerkliche Strukturieren sei dasselbe: »Das Kreative ist ein kleiner Teil, das meiste muss gemacht werden, in Handarbeit.« Kochen, sagt Barbara Zehender, bedeute für sie Entspannung. Der Kochberuf hingegen sei »wahnsinnig anstrengend«, pure Knochenarbeit. Beides seien Berufe für Idealisten.

Sie beschreibt, was sie als Töpferin tut, und es klingt, als würde sie übers Kochen reden. »Eine Glasur gelingt, wenn ich sie im richtigen Moment übergieße oder tauche – wie einen Braten.« Barbara Zehender hat ihre Glasuren selbst entwickelt. Fertigglasuren sind unter Profis verpönt – wie Fertiggerichte unter Köchen. Es geht um das unentwegte Tüfteln am eigenen Geschmack, die nächste Parallele zum Kochberuf. Hier wie dort zählt das richtige Maß: Für die Stärke der Glasur, für die stimmige Kombination der Zutaten sind Einhaltung der Mengenangaben und die Beachtung von Zeitpunkt und Position im Ofen entscheidend. Was ihr in der Küche absolut zugute kommt: »Ich habe kein Problem damit, heiße Sachen anzufassen, ich bin nicht so ein empfindliches Pflänzlein«, fügt sie mit schalkhaftem Lachen hinzu.

Barbara Zehenders Traum, das Kreative, also Töpferei und Kulinarik, zu kombinieren, ist hier in Erfüllung gegangen (ganz oben). Umgeben von Weinlaub vor typisch fränkischem Fachwerk schmecken im Weingarten Wein und Bier gleichermaßen (oben).

Ausflugstipps

Vor 36 Jahren traf Barbara Zehender auf eine noch unsanierte Ortsmitte in Ebern-Jesserndorf. Heute steuern Gäste aus dem weiten Umland gezielt den vorbildlich sanierten und gestalteten Platz an, an dem Barbara Zehender und ihr Mann kreativ mitgewirkt haben. Sogar Konzerte, italienische Nächte, Jazz und einen Weihnachtsmarkt gibt es hier seit 20 Jahren regelmäßig.

Die Haßberge sind die Heimat zahlreicher Burgen: Die Burgruine Königsberg liegt ganz in der Nähe. Eine Oase der Ruhe eröffnet sich dem Wanderer während eines Waldspaziergangs entlang des Heilsteine-Pfads. Auch wer nicht an die heilende Kraft der jungsteinzeitlichen Steinfunde glaubt, wird sich der einmaligen Stimmung und Ruhe an diesem Ort kaum entziehen können, an dem man seinen Gedanken freien Lauf lassen kann.

Feine Bandnudeln mit Schinken und Zitrone

Für 4 Portionen
70 ml Olivenöl + etwas Olivenöl nach Bedarf | 3 Scheiben roher Schinken | 250 g sehr dünne Bandnudeln (Tagliolini) | 1 Bio-Zitrone, abgeriebene Schale | 40 g Parmesan, frisch gerieben | 1 EL Petersilie, fein gehackt

- Das Olivenöl und den in feine Streifen geschnittenen Schinken in einer großen Pfanne leicht erhitzen, nicht braten.
- Reichlich Salzwasser zum Kochen bringen und die Nudeln al dente kochen. Die Nudeln abgießen, dabei eine Tasse Nudelwasser zurückbehalten.
- Die Nudeln mit dem Schinken in der Pfanne vermengen, etwas Nudelwasser angießen, umrühren und vom Herd ziehen.
- Reichlich Zitronenabrieb, Parmesan und Petersilie untermischen, eventuell zusätzlich noch in etwas Olivenöl und Nudelwasser schwenken.

Bachsaibling, im Papier gegart, mit Kartoffelpüree und geschmortem Fenchel-Tomaten-Gemüse

Für 4 Portionen

Für den Bachsaibling: 4 Bachsaiblinge, küchenfertig | Salz | schwarzer Pfeffer aus der Mühle | 4 Estragonstängel | 1 Bio-Zitrone, in 8 dünne Scheiben geschnitten | Olivenöl | Bouillabaisse-Gewürzsalz oder (ersatzweise) Salz und schwarzer Pfeffer aus der Mühle

Für das Kartoffelpüree: 800 g mehligkochende Kartoffeln | 120 ml warme Milch | reichlich Butter | Salz | Muskatnuss, frisch gerieben

Für das Fenchel-Tomaten-Gemüse: 2 Fenchelknollen | 2 Tomaten | 2 EL Olivenöl | Salz | schwarzer Pfeffer aus der Mühle

■ Für den Bachsaibling den Backofen auf 160 °C Umluft vorheizen.

■ Die gesäuberten Saiblinge innen und außen würzen, mit je 1 Estragonstängel und je 2 Zitronenscheiben füllen, mit Olivenöl beträufeln und in Backpapier einpacken. Die Enden mit Küchengarn zubinden und die Päckchen ca. 25 Minuten im heißen Ofen garen.

■ Die Enden abschneiden, das Paket öffnen und servieren.

■ Inzwischen für das Kartoffelpüree die Kartoffeln weich kochen, pellen und durch die Kartoffelpresse drücken. Milch, Butter, Salz und Muskat hinzufügen und alles zu einem cremigen Püree verrühren. Warm halten.

■ Für das Gemüse den Fenchel putzen, waschen und in schmale Streifen schneiden. Die Tomaten überbrühen, häuten und in Spalten schneiden.

■ Das Olivenöl in einer Pfanne erhitzen und den Fenchel anschwitzen. Die Tomaten dazugeben, 5 Minuten garen und mit Salz und Pfeffer würzen.

29

»Die Küche entkomplizieren«

Johanna Wecklein im Gasthof zum Auerhahn
in Werneck-Zeuzleben

Adresse
Oberes Tor 9
97440 Werneck-Zeuzleben
Telefon: +49 9722 3344
www.zum-auerhahn.de

Öffnungszeiten
Montag 11–23 Uhr
Dienstag Ruhetag
Mittwoch bis Freitag 11–23 Uhr
Samstag 17–23 Uhr
Sonntag 11–23 Uhr
Um telefonische Vorbestellung
wird gebeten.

»Wenn, dann richtig«, sagt sich Johanna Wecklein und
macht alles in Handarbeit – inklusive Kloßteig, Kroketten
und Leberklöße.

»Ich will so arbeiten, dass es mir Spaß macht und wir gesund bleiben«, sagt Johanna Wecklein. Beim Essen sollen die Gäste »ent-
stressen«. Das Kochen will sie »entkomplizieren«. Sie selbst hat ein
entwaffnend offenes Wesen. In ihrer freundlichen, bescheidenen
Art empfängt sie den Gast, der die familiäre Atmosphäre, die die
Wirtin schafft, sofort und unmittelbar spürt. Sie wiederum freut
sich über die spontane Anerkennung des Gastes, der unaufgefor-
dert sagt: »Es war sehr gut, vielen Dank.« Ein größeres Lob kann
sich die zierliche Person gar nicht vorstellen.

»Ich möchte einfach eine gute Gastgeberin sein und gut kochen«,
erklärt sie geduldig. Kochen, ja das tut sie für ihr Leben gern. Daher
ist ihr Anliegen auch ganz einfach zu erklären: Sie will ein gutes Essen bereiten, das zuerst ihr selbst schmecken soll. Wenn nicht, würde sie es dem Gast nicht servieren. Das ist ihre einfache Botschaft.
Dafür steht sie schon mal auch nachts auf, um das Gemüse zu putzen
und einige Salatsaucen vorzubereiten. In der Küche wird mit Meersalz gewürzt. Wo immer es geht, sorgen frische Kräuter für den un-
vergleichlichen Geschmack ihrer Gerichte und Biogewürze für das
Aroma der Speisen. Den Kloßteig bereitet sie in Handarbeit zu: aus
Kartoffeln, die ein Gärtner aus der Nachbarschaft liefert, die sie
kocht, schält und durch die Kartoffelpresse drückt.

Aufgewachsen ist Johanna Wecklein auf einem Bauernhof in
Michelau im Steigerwald. Sie hat zu Hause geholfen, bis der jüngs-
te Bruder mit der Schule fertig war. In der Zeit machte sie eine
Hauswirtschaftslehre und besuchte die Berufsschule in Schwein-

Gastronomisches Zentrum im
unterfränkischen Ort Werneck-
Zeuzleben ist der Gasthof mit
Metzgerei »zum Auerhahn«.

Johanna Wecklein hat es gerne schön und gemütlich – auch ihre Gäste schätzen das feine Ambiente.

furt, danach kam ein Jahr Praktikum, dann ging es weiter an der Diätfachschule in Würzburg, wo sie nach dem Abschluss zur Diätassistentin die Kochlehre draufsattelte. Johanna Wecklein hat früh den Weg des »guten« und »ehrlichen« Essens eingeschlagen – und wird ihn nicht mehr verlassen.

Der Liebe wegen entschied sie sich für den Familienbetrieb ihres Mannes und zog nach Zeuzleben – in das historische Haus, an dem einst die Handelsstraße nach Coburg vorbeiführte. »Wo die Liebe hinfällt«, sagt sie und blickt verschmitzt in Richtung ihres Mannes, mit dem sie sich die Arbeit teilt. Sie sind ein eingespieltes Team, hier haben sich »Topf und Deckel« gefunden. Er ist spezialisierter Experte, sie die umsichtige Allrounderin. Er ist Metzgermeister und bestückt die Wirtschaft mit hausgemachten Wurstspezialitäten und Ökofleisch aus zertifzierten Ökobetrieben der Region. Sie ist die Gestalterin: Sie liebt Bewegung – körperlich wie geistig. Mit ihrem Elan belebt sie ihre Umgebung. Dort, wo etwas zum Blühen gebracht werden kann, ist sie daheim. »Küche und Garten – genau mein Ding«, sagt sie und fährt fort:

»Beweglich muss man sein als Köchin, Traditionen wahren, aber zuerst durchdenken. Das Gute übernehmen, wenn es gut ist, und nicht, weil es halt immer schon so war.« Sie schaut genau hin, bevor sie sich entscheidet. Sie wägt auch ihre Worte gut ab, spricht ruhig und überlegt. »Ich konzentriere mich auf das Einfache und beachte die Kreisläufe.« Zwischen Natur, Region, Qualität, Nahrung und Lebensmittel bestehen Wechselwirkungen. Ihrer Ausbildung verdankt sie ein geschultes und feines Gespür für gute Lebensmittel. Und sie hat Respekt vor der Nahrung, die sie möglichst authentisch auf den Tisch bringen möchte.

Ausflugstipps

Werneck-Zeuzleben ist ein richtiges Drehkreuz und bietet Entfaltungsmöglichkeiten in alle Richtungen. Der Ort liegt in unmittelbarer Nähe zu Würzburg und Schweinfurt. Coburg, Bamberg, Rhön und Steigerwald sind schnell erreichbar.

Lieblingsort der Wirtin ist der wunderschöne Schlosspark in Werneck. Einmal im Jahr besucht sie den Kreuzberg in der Rhön, worauf sie sich sehr freut. Das 928 Meter hoch gelegene Kloster wurde Ende des 17. Jahrhunderts zusammen mit der Wallfahrtskirche vom Franziskanerorden erbaut. Vom Gipfel kann man das fränkische Land, den Spessart und den Thüringer Wald sehen. In der Klosterschenke wird das Kreuzberger Klosterbier ausgeschenkt, dazu gibt es Mittagstisch, Brotzeit, Kaffee und Kuchen.

Das Ehepaar Wecklein sammelt historische Aufbewahrungsboxen aus Steingut für Zucker, Mehl, Zimt und andere Gewürze. Sie stammen aus alten Küchenbeständen, werden heute aber nicht mehr befüllt, sondern zieren den zur Gastwirtschaft gehörenden Metzgereiladen.

Fränkische Leberklößchensuppe mit Schwimmerli

Für 4 Portionen

Für die Brühe (Grundrezept auf Vorrat)

3 kg Rinderknochen, klein gehackt (alternativ 2 kg Rindfleisch, in Würfel geschnitten) | Suppengrün, gewaschen und in kleine Stücke geschnitten | 1 Zwiebel, geschält und halbiert | Salz | schwarzer Pfeffer aus der Mühle | Muskatnuss, frisch gerieben | Maggikraut | etwas Bio-Brühwürfel

Für die Leberklößchen: 40 g Butter | 1 Zwiebel, geschält und fein gehackt | 1 ½ Brötchen vom Vortag | 150 g Rinder- und Schweineleber, gemischt | 1 Ei | 20 g Semmelbrösel | Salz | schwarzer Pfeffer aus der Mühle | Muskatnuss, frisch gerieben

Außerdem: 1 EL Petersilie, fein gehackt

Für die Schwimmerli: 125 ml Milch | 30 g Butter | Salz | 65 g Mehl | 3 kleine Eier

Außerdem: 1 kg Schweinefett oder Ausbacköl | Petersilie, fein gehackt | Schnittlauchröllchen | Karottenwürfelchen

▪ Für die Brühe die Knochen (alternativ das Fleisch) waschen und mit 6 l kaltem Wasser aufsetzen. Zum Kochen bringen und mit einem Schaumlöffel sorgfältig abschäumen.

▪ Die restlichen Zutaten hinzufügen und das Ganze etwa 2 Stunden bei mittlerer Hitze sieden lassen. Anschließend die Brühe durch ein Sieb passieren und nochmals mit den Gewürzen abschmecken.

▪ Für die Klößchen Butter in einer Pfanne zerlassen und die Zwiebeln glasig anschwitzen. Brötchen in etwas Wasser einweichen.

▪ Die Leber und die Brötchen durch den Fleischwolf drehen. Die Masse mit den restlichen genannten Zutaten vermengen und mit dem Schneebesen sorgfältig verrühren.

▪ Die Rinderbrühe zum Kochen bringen. Von der Lebermasse mit einem Esslöffel Klößchen abstechen und in die kochende Brühe einlegen. 20 Minuten ziehen lassen.

▪ Für die Schwimmerli Milch, Butter und Salz zum Kochen bringen. Das Mehl einrühren. Die Hitze reduzieren und mit einem Holzlöffel unter ständigem Rühren die Masse »abbrennen«, bis sie sich vom Topf löst.

▪ Den Topf vom Herd nehmen. Die Masse abkühlen lassen und die Eier mit dem Handrührgerät nach und nach einarbeiten.

▪ Das Schweinefett in einer hohen Pfanne zerlassen bzw. das Öl erhitzen und die Masse in einen Spritzbeutel ohne Tülle füllen. Mit einem Küchenmesser kleine Klößchen abstechen und ins Backfett gleiten lassen. Die Klößchen schwimmend goldgelb ausbacken.

▪ Die Suppe mit den Leberklößchen, Petersilie und Schnittlauch sowie Karottenwürfelchen anrichten und mit den Schwimmerli bestreuen.

Quarkplotz

Ergibt 16 Stück
Für 1 rundes Blech von 50 cm Ø oder 2 Bleche von ca. 25 cm Ø
Für den Boden: 320 g Weizenmehl (Type 405) | 15–20 g Frischhefe |
50 g Zucker | 150 ml Milch, lauwarm | 1 Ei | etwas Salz | 60–70 g Butter,
zimmerwarm
Für den Belag: 125 g Butter | 1 Pck Vanillezucker | 6 Eier | 1 Prise
Salz | 3 EL Mehl | 1 EL Zitronensaft | 200 g Sauerrahm | 50 ml Sahne |
25 g Sultaninen | 1450 g Bio-Vollmilchquark (40 %)
Außerdem: Butter für das Blech | 1 Eigelb, verquirlt mit 1 EL Sahne

■ Für den Boden das Mehl in eine Rührschüssel sieben.

■ Die Hefe zerbröckeln und mit dem Zucker und der Milch anrühren. Zu dem Mehl geben und zugedeckt gehen lassen.

■ Das Ei, Salz und Butter zugeben und einen glatten, seidigen Teig kneten.

■ Den Teig aus der Schüssel nehmen. Ein Brett mit Mehl bestäuben und den Teig erneut kräftig durcharbeiten. Anschließend den Teig zurück in die Schüssel geben und mit einem Küchentuch zudecken. Nochmals gehen lassen.

■ Für den Belag die Butter mit dem Handrührgerät schaumig rühren. Zuerst den Vanillezucker und die Eier unterrühren, anschließend die restlichen Zutaten, zum Schluss die Sultaninen.

■ Den Backofen auf 160 °C vorheizen.

■ Das Blech großzügig mit Butter ausstreichen. Den Teig ausrollen und auf dem Blech auslegen. Mit einer Gabel Löcher in den Teig stechen und diesen noch etwas gehen lassen.

■ Die Quarkmasse darauf verteilen und glatt streichen.

■ Die Eigelbsahne mit einem Esslöffel darüber ausstreichen.

■ Im heißen Ofen 30 Minuten backen. Herausnehmen und abkühlen lassen. Anschließend in Stücke schneiden.

Rezeptregister

Weitere Genussadressen

Im Bier- und Weinland Franken gibt es auch einige Weingüter und Brauereien, die von Frauen geführt werden oder in denen Winzerinnen und Braumeisterinnen für die Qualität der Produkte verantwortlich zeichnen. Die hier aufgeführten Adressen sind nach Postleitzahlen sortiert und lediglich eine Auswahl, die keinen Anspruch auf Vollständigkeit erhebt. Alle sind einen Besuch mit Verkostung wert. Und bei den meisten dieser Adressen kann man auch einkehren, manche bieten sogar Übernachtungsmöglichkeiten an.

Eder & Heylands Brauerei GmbH & Co. KG
Ev Eder-Widmann
Aschaffenburger Straße 3-5
63762 Großostheim
Telefon: +49 6026 5090
www.eder-heylands.de

Bürgerliches Brauhaus Wiesen
Christof Hartmann GmbH & Co. KG
Karola Elsesser
Hauptstraße 97
63831 Wiesen
Telefon: +49 6096 373
www.brauhaus-wiesen.de

Weingut A. Waigand
Verena Waigand
Dr.-Vits-Straße 8

63906 Erlenbach am Main
Telefon: +49 9372 4596
www.waigand-wein.de

Weinbau Stritzinger
Anja Stritzinger
Bergwerkstraße 19
63911 Klingenberg am Main
Telefon: +49 9372 922954
www.weinbau-stritzinger.de

Weingut Fürst Löwenstein
Dr. Stephanie Erbprinzessin zu Löwenstein
Schlosspark 3
63924 Kleinheubach
Telefon +49 9371 9486600
www.loewenstein.de

Weingut Stich »Im Löwen«
Helga Stich
Freudenberger Straße 73
63927 Bürgstadt
Telefon: +49 9371 5705
www.weingut-stich.de

Brauerei Wiethaler
Sabine Wiethaler-Dorn
Welserplatz 6–7
91207 Lauf-Neunhof an der Pegnitz
Telefon: +49 9126 7651
www.brauerei-wiethaler.de

Bürgerbräu Hersbruck, Deinlein & Co.
Ursula Weid
Lohweg 38
91217 Hersbruck
Telefon: +49 9151 3003
www.buergerbraeu-hersbruck.de

Brauerei Kanone Löhr GmbH & Co. KG
Gerda Löhr-Küchler
Brückenstraße 1 a
91220 Schnaittach
Telefon: +49 9153 366
www.brauerei-kanone.de

Brauerei Neder GmbH
Astrid Neder-Haub
Sattlertorstraße 10
91301 Forchheim
Telefon: +49 9191 2400
www.neder-brauerei.de

Brauerei Friedel
Michaela Baier
Höchstadter Straße 1
91315 Höchstadt a.d.Aisch OT Zentbechhofen
Telefon: +49 9502 209

Schwanenbräu
Helga Dotterweich
Am Marktplatz 2
91320 Ebermannstadt
Telefon: +49 9194 767190
www.schwanenbraeu.de

Brauerei Friedmann
Siglinde Friedmann
Jägersberg 16
91322 Gräfenberg
Telefon: +49 9192 318
www.brauerei-friedmann.de

Brauereigasthof Hofmann
Elfriede Hofmann
Hohenschwärz 16
91322 Gräfenberg
Telefon: +49 9192 251
www.brauerei-hofmann.de

Brauhaus am Kreuzberg
Luitgard Friedel-Winkelmann
Kreuzberg 1
91352 Hallerndorf
Telefon: +49 9545 4736
www.brauhaus-am-kreuzberg.de

Weingut Schürmer
Carmen Kurz
Kirchplatz 8
91472 Ipsheim
Telefon: +49 9846 977889
www.schuermer.com

Weib›s Brauhaus Dinkelsbühl
Melanie Gehring
Untere Schmiedgasse 13
91550 Dinkelsbühl
Telefon: +49 9851 579490
www.weibsbrauhaus.de

Brauerei Reindler GmbH & Co. KG
Susanne Reindler
Brauhausweg 5
91578 Leutershausen-Jochsberg
Telefon: +49 9823 203
www.brauerei-reindler.de

Hauff-Bräu Lichtenau
Doris Weid-Gundel
Marktplatz 1
91586 Lichtenau
Telefon: +49 9827 92330
www.hauff-bracu.de

Brauerei Fischer GmbH & Co. KG
Angela Hüttner
Hauptstraße 18
91632 Wieseth
Telefon: +49 9822 7411
www.fischer-landbraeu.de

Forstquell-Brauerei
Ingrid Kollmar
Fürnheim 35
91717 Wassertrüdingen
Telefon: +49 9832 9657
www.forstquell.de

Familienbrauerei Georg Meinel GmbH
Monika und Gisela Meinel-Hansen
Alte Plauener Straße 24
95028 Hof
Telefon: +49 9281 3514
www.meinel-braeu.de

Sonnenbräu Lichtenberg
Barbara Trier
Nailaer Straße 20
95192 Lichtenberg
Telefon: +49 9288 304

Lehr- und Versuchsbrauerei des Bayerischen
Brauerei- und Bäckereimuseums e. V.
Dr. Helga Metzel
Hofer Straße 20
95326 Kulmbach
Telefon: +49 9221 80511

Brauerei Leonhard Schübel OHG
Andrea Schübel-Münch
Knollenstraße 12
95346 Stadtsteinach
Telefon: +49 9225 95590
www.schuebel-braeu.de

Brauerei Stadter
Gundi Christian-Schuster
Pottaschhütte 2a
95447 Bayreuth
Telefon: +49 921 66816
www.braulehrer.de

Heinz Weyermann GmbH
Röstmalzbierbrauerei (nur Malzbier)
Sabine Weyermann
Brennerstraße 15–19
96052 Bamberg
Telefon: +49 951 9322033
www.weyermann.de

Brauereigasthof Schwanen-Bräu
Barbara Hübner
Marktplatz 11
96179 Ebing
Telefon: +49 9547 481
www.schwaben-braeu-ebing.de

Schmausenkeller der Brauerei Müller
Anita Dietz
Am Bahnhof 13
96158 Reundorf
Telefon: +49 9502 608
www.schmausenkeller.de

Brauerei Leicht
Geschwister Leicht
Pferdsfeld 22
96250 Ebensfeld
Telefon: +49 9573 236

Braugasthof Grosch GmbH & Co. KG
Kerstin Pilarzyk
Oeslauerstraße 115
96472 Rödental
Telefon: +49 9563 7500
www.der-grosch.de

Staatlicher Hofkeller
Friederike Voigtländer
Residenzplatz 3
97070 Würzburg
Telefon: +49 931 3050923
www.hofkeller.de

Weinoase
Verena Huppmann-Baumann
Winterhäuser Straße 37
97084 Würzburg
Telefon: +49 931 613090
www.weinoase-huppmann.de

Weingut Hessler
Cornelia Hessler
Wolfstalstraße 1
97209 Veitshöchheim
Telefon: +49 0931 91637
www.weingut-hessler.de

Weingut Christine Pröstler
Christine Pröstler
Obere Hauptstraße 100
97225 Retzbach
Telefon: +49 9364 8178895
www.cproestlerweine.de

Weingut Störrlein & Krenig
Christiane Störrlein-Krenig
Schulstraße 14
97236 Randersacker
Telefon: 0931 708281
www.stoerrlein.de

Weinbau K. & P. Pohl
Katja Pohl
Hauptstraße 5
97246 Eibelstadt
Telefon: +49 9303 8442
www.weinbau-pohl.de

Weingut Leo Sauer
Elke Röder
Würzburger Straße 33
97246 Eibelstadt
Telefon: +49 9303 596
www.weingut-leo-sauer.de

Weingut Scheuring
Ilonka Scheuring
Lutzgasse 6
97276 Margetshöchheim
Telefon: +49 931 463633

Weingut Horst Sauer
Sandra Sauer
Bocksbeutelstraße 14
97332 Escherndorf
Telefon: +49 9381 4364
www.weingut-horst-sauer.de

Weingut Marienhof
Marlies Dumbsky
Marienhof 1
97332 Volkach
Telefon: +49 9381 2331
www.dumbsky-marienhof.de

Weingut »Zur Schwane«
Eva Pfaff-Düker
Erlachhof 7
97332 Volkach
Telefon: +49 9381 71760
www.schwane-weingut.de

Weingut Glaser-Himmelstoss
Julia Glaser
Langgasse 7
97334 Nordheim
Telefon: +49 9381 4602
www.weingut-glaser-himmelstoss.de

Weingut Weisensee
Irmgard Heidrich
Winzerstraße 11
97334 Sommerach
Telefon: +49 9381 9276
www.weingut-weisensee.de

Weingut Hans Wirsching KG
Andrea Wirsching
Ludwigstraße 16
97346 Iphofen
Telefon: +49 9323 87330
www.wirsching.de

Weingut Roth, Nicole Roth
Büttnergasse 11
97355 Wiesenbronn
Telefon: +49 9325 902004
www.weingut-roth.de

Winzerhof Keßler
Ina Keßler
Luitpoldstraße 1–2
97357 Prichsenstadt
Telefon: +49 9383 2610
www.winzerhof-kessler.de

Brauhaus Niederlauer
Cornelia Federlein
Brunnenstraße 6
97618 Niederlauer
Telefon: +49 9771 98732
www.hausbrauerbier.de

Wittelsbacher Turm Bräu GmbH
Barbara Apfelbacher
Wittelsbacher Turm 1
97688 Bad Kissingen
Telefon: +49 971 7858820
www.wittelsbacher-turm.de

Weingut Schloss Saaleck
Dipl.-Ing. Oenologin Ulrike Lange
Am Marktplatz 1
97762 Hammelburg
Telefon: +49 9732 7887450
www.weingut-schloss-saaleck.de

Martinsbräu Marktheidenfeld Georg Mayr
GmbH & Co. KG
Maria Martin
Georg-Mayr-Straße 4
97828 Marktheidenfeld
Telefon: +49 9391 50080
www.martinsbraeu.de

Hausbrauerei Höpfl
Elisabeth Höpfl
Steinfelder Straße 17
97854 Steinfeld-Waldzell
Telefon: +49 9396 1532
www.hausbrauerei.hoepfl.de

In dieser Buchreihe bereits erschienen

**Bayerische
Weiberwirtschaften**

Text: Hannelore Fisgus
Fotos: Barbara Lutterbeck
Konzeption: Ria Lottermoser

ISBN 978-3-7750-0750-4

**Weiberwirtschaften
Baden-Württemberg**

Text & Fotos: Regula Wolf
herausgegeben von
Ria Lottermoser

ISBN 978-3-7750-0669-9

**Weiberwirtschaften
Rheinland-Pfalz**

Text: Christa Aubel und
Barbara Feyerabend, Fotos:
Angela Francisca Endress

ISBN 978-3-7750-0757-3

**Hessische
Weiberwirtschaften**

Text: Barbara Goerlich
Fotos: Angela Francisca
Endress

ISBN 978-3-7750-0648-4

**Südtiroler
Weiberwirtschaften**

Text: Elisabeth Augustin
Fotos: Anneliese Kompatscher
Konzeption: Ria Lottermoser

ISBN 978-3-7750-0649-1

Neue Rezeptideen und weitere
Infos rund um unser Buchpro-
gramm finden Sie unter
www.hädecke.de und
www.mizzis-kuechenblock.de!
Oder einfach anfordern bei
Hädecke Verlag GmbH & Co. KG
Postfach 1203
D-71256 Weil der Stadt.

Die Autorin

Heidrun Gehrke hat in Winterthur (Schweiz) Journalismus und Kommunikation studiert; sie lebt und arbeitet seit 2000 als freie Journalistin und Autorin im Rems-Murr-Kreis (Nähe Stuttgart). Sie schreibt lokaljournalistische Reportagen sowie Porträts für Tageszeitungen, Magazine und Jahresberichte und sie konzipiert und schreibt Pressetexte für verschiedene Auftraggeber aus den Bereichen Kulinarik, Natur, Maschinenbau und Sport.

Die Fotografin

Angela Francisca Endress und ihr Kürzel AFE haben in der Food-Fotografie einen guten Klang. Die gebürtige Hessin lebt in Franken. Als studierte Fotografin interessiert sie alles Kulinarische, faszinieren sie die Menschen, die dahinter stecken, und vor allem auch regionale Produkte. Sie arbeitet für Buch- und Zeitschriftenverlage, Bildagenturen und renommierte Unternehmen zum Thema Tisch-, Ess- und Gartenkultur. Bei Hädecke hat sie bereits *Hessische Weiberwirtschaften* und *Weiberwirtschaften in Rheinland-Pfalz* mit ihren Fotos bereichert.

Die Herausgeberin

Ria Lottermoser lebt bei München und arbeitet nach jahrzehntelanger Tätigkeit als Lektorin, Cheflektorin und Verlagsleiterin in renommierten Verlagen als freie Büchermacherin. Ihr besonderes Anliegen gilt kulinarischen Themen.

ISBN 978-3-7750-0771-9
© 2015, 2017 Hädecke Verlag GmbH & Co. KG,
D-71263 Weil der Stadt
www.hädecke.de

4 3 2 1 | 2020 2019 2018 2017

Lektorat: Ria Lottermoser und Hädecke-Team
Visuelle Gesamtkonzeption:
www.buero-jorge-schmidt.de
Das Titelbild wurde im Weingarten von Barbara Zehender in Ebern-Jesserndorf aufgenommen (s. S. 162 ff).
Bildlegende zu den Fotos von Seite 175–182:
Seßlach; Margetshöchheim und Seßlach; Margetshöchheim und Kleinziegenfeld; Kleukheim und Vierzehnheiligen; Gattendorf und Tröstau; Buchenrod/Großheirath; Joditz und Margetshöchheim; Wunsiedel.

Printed in EU 2017

Der Verlag dankt ...

... den folgenden Vereinigungen für ihre Unterstützung bei den Adressen zu Brauereien und Weingütern:

Bierland Oberfranken e.V.
c/o Handwerkskammer für Oberfranken
Kerschensteiner Straße 7
95448 Bayreuth

... Christian Schmauß für sein
Bärwurz-Bratwurst-Rezept auf Seite 118:
Feinkost Schmauß
Ludwig-Thoma-Str. 25
95477 Bayreuth
www.schmausikatessen.de

Vinissima Frauen & Wein e.V.
Geschäftsstelle, Campus der Hochschule
Geisenheim
Von-Lade-Str. 1
65366 Geisenheim
www.vinissima-ev.de